教育部人文社会科学研究一般项目（17YJA630001）；国家自然科学基金项目（71828201、71872078、71872046、71472047、71332004）；财政部会计名家培养工程项目（财会[2016]15号）；江苏省"333高层次人才培养工程"项目；江苏省"青蓝工程"项目；江苏省研究生教育教学改革课题（JGLX19_073）

企业内部审计外包实践调查与发展探析

杰弗里·皮特曼（Jeffrey Pittman）　编著
李万福　吴东辉　杜　静　翟静怡

东南大学出版社
SOUTHEAST UNIVERSITY PRESS
·南京·

前　　言

随着企业对会计监督和风险控制的逐渐重视,内部审计也愈加受到企业关注。面对日新月异的市场变化、日益激烈的企业竞争以及内部审计的固有缺陷等,不少企业选择了向外部寻求解决方案,内部审计外包应运而生。国际内部审计师协会(IIA)首席执行官理查德·钱伯斯指出,内部审计外包是未来内部审计发展应重点关注的领域之一。

在新时代政策与市场的支持下,内审外包正逐渐成为一种普遍现象,被越来越多的组织接纳与采用,但随之而来的争议却从未停歇。美国一些权威机构对内部审计外包持不同的态度,一方面,美国注册会计师协会(AICPA)对内部审计外包服务持赞成态度,认为外部审计人员的独立性更值得信赖。《国际内部审计专业实务框架》(2017 版)明确指出,当内部审计师缺乏完成全部或部分业务所需的必备知识、技能或其他能力时,首席审计师必须向他人寻求充分的专业建议或协助。另一方面,IIA 持强烈反对意见,认为内部审计外包会导致事务所因利益驱动而不惜与被审单位合谋,从而损害审计业务的独立性。

我国目前与内部审计相关的法律大多是针对内部审计机构及制度的建立健全,并没有对内部审计主体做出明确的限制。比如,中国内部审计协会于 2019 年 5 月 6 日印发的《第 2309 号内部审计具体准则——内部审计业务外包管理》中指出:内部审计机构可以根据具体情况,如内部审计机构现有的资源无法满足工作目标要求时,可以对内部审计业务实施外包;自 2020 年 1 月 1 日起施行的《第 3101 号内部审计实务指南——审计报告》对接受委托、聘用,承办或者参与内部审计业务的其他组织或者个人同样适用;2018 年 3 月起施行的《审计署关于内部审计工作的规定》中也包含了内审外包的内容,如与外部审计协调、利用外部专家服务等。中国银监会在 2016 年 4 月发布的《中国银监会关于印发商业银行内部审计指引的通知》(银监发〔2016〕12 号)又专门针对商业银行的内部审计外包加以规范,如商业银行应建立内部审计活动外包制度,明确外包提供商的资质标准、准入与退出条件、外包流程及质量控制标准等。

相对于西方,我国内部审计起步较晚,不少内审机构的设立由政府相关部门强制推动,内部审计目前发挥的主要作用还是监督为主、咨询为辅,价值增值作用不明显。那么,内审外包是否有助于缓解这些问题并被我国企业普遍采用?哪些因素会使企业选择内部审计外包?国内外不少学者对此做出了研究和讨论,但因目前我国的内审外包信息未被要求公开披露,企业的内审外包实践情况不易考察,对全部上市公司进行问卷调查以反映内审外包整体实践情况及影响因素的研究鲜见。

《企业内部审计外包实践调查与发展探析》一书系国家自然科学基金项目(71828201、71872078、71872046、71472047、71332004)、教育部人文社会科学研究一般项目(17YJA630001)、江苏省"333高层次人才培养工程"项目、江苏省"青蓝工程"项目、江苏省研究生教育教学改革课题(JGLX19_073)等的研究成果,本书从实践的角度对内审外包的现状进行深度调查分析,并从管理者特征角度对内审外包的影响因素进行了部分探讨,同时为内审外包在我国的蓬勃发展提供一些指导与建议,可为现有学者对企业是否选择内部审计外包的研究提供更多的依据。本书的研究特色和贡献主要有以下几点:

第一,学术界现有关于内审外包的研究以规范性讨论为主,经验研究甚少,本书通过对中国上市公司的大样本进行实践调查及分析,补充和丰富了内审外包经验研究领域的文献,同时本书通过考察董事长与总经理风险偏好、内审负责人组织认同及其年龄与内部审计外包选择之间的关系,拓展内部审计外包影响因素方面的研究,弥补以往文献对内部审计外包实证研究的不足。

第二,已有基于公开披露信息探讨内审外包的研究,如刘斌和石恒贵的研究[①],因受自愿披露制约,其样本量和信息含量均非常有限。本书的大样本实践调查涉及外包需求、持续时间、外包原因、外包商选择等多个方面,不仅有助于从时效上反映我国企业内审外包的实际情况,所得结论也更具丰富性、普适性和说服力。

第三,本书从不同维度对企业内审外包问题进行讨论,并基于管理层特征视角探讨内部审计外包在控制公司风险方面所扮演的角色,有助于实务界和学术界进一步了解不同特征企业的内审外包情况及动因,对深化理解内部审计外包的治理效应具有重要参考价值。另外,通过调查分析,本书也提出了有关内审外包的发展方略,以期为企业在选择内审外包业务时提供参考,为政府相关部门在规范内审外包业务方面提供一些政策性启示。

---

① 刘斌,石恒贵.上市公司内部审计外包决策的影响因素研究[J].审计研究,2008(4):66-73.

目　　录

第一章　绪论 ………………………………………………………………… 1
　　第一节　研究主体及意义 …………………………………………………… 3
　　第二节　国内外文献综述 …………………………………………………… 9
　　第三节　本书结构安排 ……………………………………………………… 18

第二章　内审外包相关概念及理论基础 …………………………………… 21
　　第一节　内部审计外包含义 ………………………………………………… 23
　　第二节　内部审计外包的形式 ……………………………………………… 25
　　第三节　内审外包相关理论 ………………………………………………… 28

第三章　内审外包现状调查与分析 ………………………………………… 33
　　第一节　问卷问题 …………………………………………………………… 35
　　第二节　问卷说明 …………………………………………………………… 35
　　第三节　问卷调查结果与分析 ……………………………………………… 37

第四章　内审外包影响因素调查与分析——基于管理者特征视角 …… 53
　　第一节　理论分析与研究假设 ……………………………………………… 55
　　第二节　研究设计 …………………………………………………………… 57
　　第三节　实证分析及结果 …………………………………………………… 60
　　第四节　结论性评述 ………………………………………………………… 67

第五章　内审外包发展方略 ······ 69
第一节　我国内部审计外包未来发展趋势 ······ 71
第二节　我国内部审计外包发展方略 ······ 75

第六章　研究结论 ······ 81

附录 ······ 85
附录一　调查问卷 ······ 87
附录二　中国内部审计准则（节选） ······ 98
附录三　《审计署关于内部审计工作的规定》(中华人民共和国审计署令第11号) ······ 129

参考文献 ······ 135

第一章 绪 论

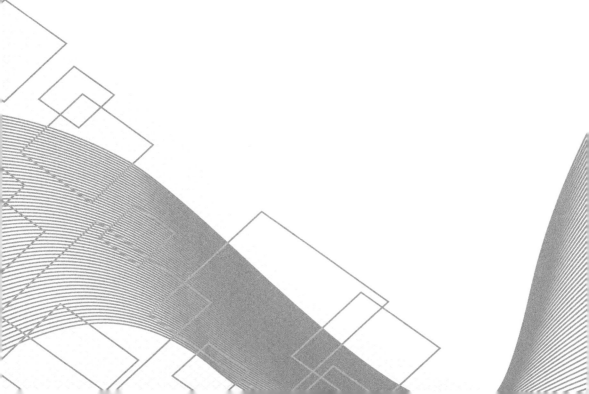

第一章 绪 论

第一节 研究主体及意义

一、问题的提出

随着市场经济的不断进步,内部审计职能由更强调"监督和评价"的传统职能,逐渐向着更强调价值增值和实现组织目标的作用发展。正如国际内部审计师协会(IIA)总裁及首席执行官理查德·钱伯斯认为,未来内部审计应该重点关注:价值增值、效益与管理、责任与控制、内部审计外部化、合作内部审计模式等。现实中,部分企业为了优化自身资源配置,提高核心竞争力,发挥内部审计对公司价值的促进作用,已开始选择审计业务外包。IIA研究基金会还指出,首席审计执行官(CAE)目前面临的最大挑战就是内审部门要有足够的审计人员和技能以保证其职能的发挥,为应对这一挑战,许多首席审计执行官聘请第三方来承担企业的部分内部审计活动[1]。可见,内部审计外包已被越来越多的组织接纳与采用,逐渐成为内部审计发展的趋势之一。

但与此同时,内部审计外包所受的争议也从未停歇。2002年,《萨班斯-奥克斯利法案》(以下简称SOX法案)修订第201条款,条款规定会计师事务所不能同时向同一组织提供外部审计服务和内部审计外包服务,也就是说企业不能将内部审计业务外包给为其提供财务报表审计的外部机构。这说明SOX法案对内审外包业务只是限制而非禁止,允许企业选择其他非提供报表审计服务的会计师事务所来提供内部审计服务[2]。同样地,美国证券交易委员会(SEC)对内部审计外包也做出了限制性的规定,明确会计师事务所只能向没有提供财务报表审计的组织提供内部审计外包服务。国际内部审计师协会(IIA)也持强烈反对意见,它认为内部审计外包会因事务所的利益驱动而不惜与被审单位合谋,从而损害审计业务的独

---

[1] Barr-Pulliam D. Engaging Third Parties for Internal Audit Activities[J]. The IIA Research Foundation, 2016.
[2] 王光远,瞿曲. 内部审计外包:述评与展望[J]. 审计研究, 2005(2):11-19.

立性。然而,美国注册会计师协会(AICPA)对内部审计外包服务持不同的态度,他们认为外部审计人员的独立性更值得信赖。

我国目前与内部审计相关的法律大多是针对内部审计机构及制度的建立健全,并没有对内部审计主体做出明确的限制。如中国内部审计协会在2019年5月发布的《第2309号内部审计具体准则——内部审计业务外包管理》指出:如内部审计机构现有的资源无法满足工作目标要求时,可以对内部审计业务实施外包;为了进一步完善内部审计准则体系,指导内部审计实施,《第3101号内部审计实务指南——审计报告》自2020年1月1日起开始施行;中国银监会在2016年4月发布《中国银监会关于印发商业银行内部审计指引的通知》(银监发〔2016〕12号),对商业银行的内部审计外包加以规范,明确指出商业银行可将有限的、特定的内审活动外包给第三方,以缓解内审资源压力并提升内审工作全面性。

相对于西方,我国内部审计起步较晚,不少内审机构的设立由政府相关部门强制推动,内部审计目前发挥的主要作用还是监督为主、咨询为辅,价值增值作用不明显[1]。然而,内审外包是否有助于缓解这些问题并被我国企业普遍采用?我国学者对此做了不少讨论,如傅黎瑛[2]、刘斌和石恒贵[3]、迟柏龙和刘静[4]、王全录[5]、王兵[6]。但因目前我国的内审外包信息未被要求公开披露,企业的内审外包实践情况不易考察,相关研究大多是通过案例或小范围的问卷调查以获取小样本数据[7],对全部上市公司进行问卷调查以反映内审外包整体实践情况及影响因素的研究鲜见。

在了解了内审外包实践情况的基础上探讨哪些因素会使企业选择内部审计外包也具有重要的研究意义。事实上,企业是否选择内部审计外包归根结底取决于管理层的决策。内审外包是实现公司治理的手段之一,而公司管理者是公司治理的实际操作者,不同的管理者应该有不同的内审外包决策方法。那么,管理层的不同特征究竟如何影响内部审计外包决策,目前尚鲜见国内外研究对此进行讨论,仅

---

[1] 王兵,刘力云.中国内部审计需求调查与发展方略[J].会计研究,2015(2):73-78.
[2] 傅黎瑛.内部审计外包中的独立性和决策标准问题研究[J].管理世界,2008(9):177-179.
[3] 刘斌,石恒贵.上市公司内部审计外包决策的影响因素研究[J].审计研究,2008(4):66-73.
[4] 迟柏龙,刘静.内部审计外部化在我国中小企业推广问题分析[J].审计研究,2009(4):53-54.
[5] 王全录.内部审计外部化能否有效在我国中小企业推广——与迟柏龙、刘静二位同仁商榷[J].审计研究,2010(4):101-103.
[6] 王兵.中国内部审计发展战略研究[M].北京:中国时代经济出版社,2014.
[7] 黄溶冰.内部审计外包的策略选择:组织柔性视角的案例研究[J].审计研究,2012(2):98-104.

有学者指出领导重视是决定内部审计外包发挥作用的最重要原因[①]。

基于以上讨论分析,本书立足中国资本市场,将尝试回答以下几个问题:

(1) 我国企业内部审计外包业务的需求情况如何?

(2) 企业主要选择哪些组织机构外包内部审计业务?不同企业有何偏好?

(3) 我国企业内部审计外包的时间状况如何?

(4) 我国企业主要将哪些内部审计业务外包给服务商?

(5) 我国企业选择是否进行内部审计外包时,主要考虑哪些因素?

(6) 除制度规范以外,内审外包作用的发挥是否还会受到企业管理者主观层面的影响?

(7) 管理者特征究竟如何影响企业内部审计外包决策?该影响关系还受哪些因素调节?

二、研究意义

1. 理论意义

近年来,企业对内部控制和风险管理愈加重视,内部审计对组织所能发挥的作用也日益受到关注,特别是在企业价值增值这一方面。因此,内部审计外包作为国际内部审计的发展趋势之一,受到了国内外学者的关注,目前相关理论研究已取得一定的成果,而本书相较于以往文献,对我国内部审计外包在理论方面的研究意义主要体现在以下四个方面:

第一,从外包角度丰富和拓展了以往关于中国企业内部审计的调查研究。目前,以内部审计主体为对象的内部审计相关研究还不多,以外包为研究视角的调查研究更是鲜见。不同于先前的小样本数据研究,本书通过调查分析我国上市公司目前的内部审计外包现状和动因,拓展了我国企业内部审计外包现状的相关文献,为其他针对内部审计外包进行研究的学者提供一些参考。

第二,本研究补充和丰富了我国企业内部审计外包经验研究领域的文献。学术界现有关于内部审计外包的研究主要为规范性讨论。例如,众多学者对内部审计外包的可行性、动因、优劣势等都进行过深入的探讨。但整体而言经验性研究甚少,本书采用中国上市公司调查数据对该问题进行分析,同时从不同维度对企业内

---

① 王兵,刘力云. 中国内部审计需求调查与发展方略[J]. 会计研究,2015(2):73-78.

部审计外包问题进行分类讨论,有助于实务界和学术界进一步了解不同特征企业的内部审计外包情况及动因。

第三,通过考察董事长与总经理风险偏好、内审负责人组织认同及其年龄与内部审计外包选择之间的关系,使学术界与实务界人士能够在考察企业的内部审计外包决策时,除从传统公司治理角度分析问题外,也能对管理者个人特征(如风险偏好、组织认同等)予以重视,从而更加全面地理解企业内部审计安排。本书认为,考察管理者特征与企业内部审计安排时,不仅要关注董事长、总经理等高层管理者,亦有必要把研究视角扩展到内部审计职能执行层。此外,本书还探讨了内部审计外包在控制公司风险方面所扮演的角色,这对深化理解内部审计外包的治理效应也具有重要参考价值。因此,本书拓展了内部审计外包影响因素方面的研究,弥补了以往文献对内部审计外包实证研究的不足。

第四,本书的研究有助于丰富代理理论、交易成本理论及核心竞争理论的应用领域,深化其在内部审计外包研究上的指导意义。内部审计作为组织内部的自我约束机制和监督机构,是代理问题的产物,因而其同时存在监督成本和守约成本。而内部审计的目的在于为组织增加价值和改善组织运营。内部审计选择何种方式来进行,属于交易成本理论的探讨范畴,交易主体以成本最低为原则来选择交易方式,随着内部审计资源专用性及外包市场交易成本的下降,将内部审计外包出去可能更符合成本效益原则,利于组织经济效益最大化。此外,由于内部审计不属于组织的核心竞争业务,因此企业可以通过外包寻求更专业化的服务,降低内部审计自身运营成本,弥补自身资源稀缺,以集中优势资源着力于企业核心业务的提升,从而实现组织价值增值目标。

2. 现实意义

我国内部审计从 20 世纪 80 年代恢复内审制度至今发展空前。在实践中,内部审计组织从财务审计领域正逐步走向经营审计、经济责任审计、管理审计领域,甚至可以协助企业实现价值增值的目标。但这一过程还存在着比较突出的问题,例如,内部审计独立性不强、内部审计人员专业素养有待加强、内部审计价值增值作用不明显、内部审计相关法律法规有待进一步完善等等。尤其是在我国经济转型的特殊时期,内部审计正面临着更多的机遇和挑战。本书通过大样本调查进行数据分析,进一步提出了有关企业内部审计外包的发展方略。总体而言,本书研究的现实意义体现在以下三个方面:

第一,为我国企业内部审计外包提供参考和借鉴。对我国而言,内部审计外包还是比较新兴的事物,特别是在实践应用方面尚处于探索阶段,我国不少企业对内部审计外包仍持观望态度,或是在内部审计外包决策时茫无头绪。本书对2014年我国全部A股上市公司的内部审计外包现状做出了比较全面的问卷调查,能较为全面地反映上市公司内部审计外包的现实情况。根据调查数据,本书分析我国内部审计外包未来发展趋势的同时,还提出了一些发展方略及对策,对我国企业的内部审计外包决策具有一定的参考价值和借鉴意义。同时,本书通过探讨管理者特征对企业内审外包决策的影响,能够使企业认识到管理者个人特征对其内审外包决策的重要作用,而此管理者不仅包括董事长、总经理等高层管理者,考虑到内审业务的特殊性,本书亦将内部审计职能执行层纳入研究范围。

第二,有助于第三方机构了解我国企业内部审计外包的市场需求及现状,为外包商提供一定的参考。相对于欧美市场,审计外包服务在我国方兴未艾。目前我国内部审计服务主要由会计师事务所和其他机构所承担。随着审计外包市场规模不断扩大,中国内部审计外包业务将呈现创新趋势,这对我国会计师事务所及其他能够提供内部审计服务的机构来说都是一个巨大的挑战。本书的调查研究有助于我国外包服务商了解市场需求,以按需提升自身的外包服务水平与质量,满足企业内部审计需求,更好地应对挑战。

第三,为我国内部审计相关监管部门在规范内审外包业务方面提供一些政策性启示。2015年12月中国保监会印发的《保险机构内部审计工作规范》针对保险机构内部审计外包做出了相关规定。随即在2016年4月,中国银监会发布《中国银监会关于印发商业银行内部审计指引的通知》,专门针对商业银行的内部审计外包加以规范。我国内部审计协会在2019年5月针对内审外包业务发布了《第2309号内部审计具体准则——内部审计业务外包管理》,旨在对内审外包做更加规范的管理。内部审计相关法律政策正逐步完善,本书根据大样本调查研究提出一些内审外包发展方略及政策性建议,以期能为我国相关监管部门提供一定的启示和思路,从而促进我国企业内部审计质量的提高,推动我国内部审计的发展。

三、研究思路及技术路线

本研究拟对我国企业内审外包需求情况、外包提供商选择、外包持续时间、外包与否原因等进行全面调查,同时从管理者特征角度对内审外包的影响因素进行实证检验。为此，本书在前人研究基础上，在证监会的合作支持下，于2014年9月通过上海证券交易所、深圳证券交易所向我国2 564家A股上市公司发放了调查问卷，根据问卷调查结果，对我国目前内审外包的实践情况加以总结和分析，并在分析的基础上提出了有关企业内部审计外包的发展方略。

本书研究思路及技术路线如图1-1所示：

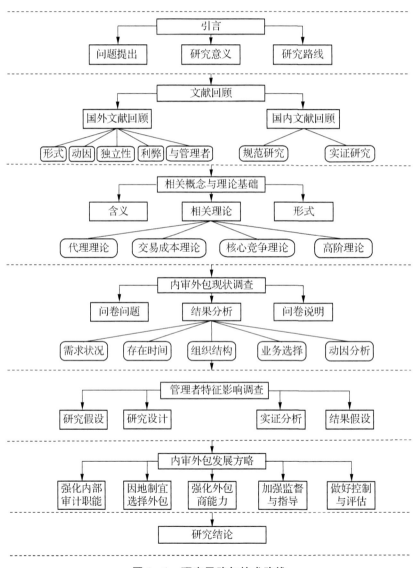

图1-1 研究思路与技术路线

# 国内外文献综述

一、国外文献综述

目前,国外对内部审计外包已进行了较为丰富的研究。本书主要从内部审计外包的形式、动因、独立性、利弊与管理者五个方面对国外相关文献进行回顾。

1. 内部审计外包形式

Barr 和 Chang 在 1993 年首次提出了三种外包形式,即补充式、咨询式和全外包式[①]。补充式外包可以说是最原始和简单的外包方式,它通过外部人员协助来完成一些时间紧、任务重的审计工作或者涉及专门领域需要专业技术的审计工作。咨询式外包,是指外部审计机构及人员不直接参与到组织的审计工作中,只为内部审计机构和组织管理者提供管理咨询,比如内部审计人员的招聘及培训、审计计划的制订和实施、审计资源的配置以及风险评估等。这种方式不需要组织内部一定设有审计部门。全外包式顾名思义就是将内部审计业务全部委托给外部机构来执行,一般企业不再设立内部审计机构,只存在少数审计人员,作为与外部机构的沟通协调媒介。Martin 和 Lavine 在前人的研究基础上又提出了第四种类型——替代式[②]。他们认为现有的内部审计机构可以被外部机构所替代。Aldhizer 等研究认为,全外包模式可能不仅无法降低企业成本,还会导致企业无法有效地发现和揭露错弊,因此他们提出了一种新的外包模式——协力式,即合作内审模式[③]。

总的来说,国外对于内审外包形式大致可以归纳为五种:补充式、咨询式、全外包式、替代式和协力式,其中替代式和全外包式被较多学者质疑,协力式则得到大

---

① Barr R H,Chang S Y. Outsourcing Internal Audits:A Boon or Bane? [J]. Managerial Auditing Journal,1993(8):14-17.
② Martin C L,Lavine M K. Outsourcing the Internal Audit Function[J]. The CPA Journal,2000(2):58-59.
③ Aldhizer R G,Cashell J D,Martin D R. Internal Audit Outsourcing[J]. The CPA Journal,2003(8):38-42.

部分的学者的推崇。

2. 内部审计外包的动因

国外学者基于实践调查,对内部审计外包的动因进行了研究讨论,不少学者认为影响企业内部审计外包决策的因素主要有:交易成本及内部审计质量。Matusik 和 Hill 在其建立的二维模型基础上进行分析,认为企业的某项职能是否外包受到组织各方面因素的影响,并不能简单地将这些职能划分为核心职能和非核心职能,进而决定是否外包[1]。Carey 等发现,企业在决策是否将内部审计业务外包时,主要考虑的是外包是否可以降低交易费用和是否可以提升内部审计质量[2]。Pirzada 等的研究同样证实了外包要比企业自己进行内审更加便宜[3]。Abbott 等认为,内部审计是否外包与内部审计委员会是否切实有效地发挥作用并无关系[4]。Singh 等在 2014 年对澳大利亚地区公司的内部审计职能和外部审计收费的关系进行研究,发现外部审计收费差异性标准是由企业规模等特征因素驱动的[5]。但 Suleiman 和 Azhar 通过研究则表明银行规模与外包决策之间存在显著的负相关关系[6]。这意味着大银行的规模,不太倾向于外包其内部审计。早在 1999 年,美国内部审计师协会开展了一次内部审计外包动因方面的相关调查,调查对象为部分已经实施内部审计外包的企业。根据调查,节约成本占比 60%,成为企业选择内部审计外包的首要原因;其次为提高内部审计质量,占比 17%,也是企业选择内审外包所考虑的重要原因之一。还有学者认为,资源管理考虑是解释外包决策的一个特别重要的因素。例如,Bretchneider 认为,资源是外包政府服务的主要因素[7]。

---

[1] Matusik S F, Hill C W. The Utilization of Contingent Work, Knowledge Creation, and Competitive Advantage[J]. Academy of Management Review,1998,23(4):680-697.
[2] Carey P,Subramaniam N,Ching K C W. Internal Audit Outsourcing in Australia[J]. Accounting & Finance,2006,46(1):11-30.
[3] Pirzada K,Rehman N. Evaluating the Factor of Cost and Benefit of Internal Audit[J]. Research Journal of Finance and Accounting,2013,4(14):72-79.
[4] Abbott L J,Parker S,Peters G F. Corporate Governance,Audit Quality and the Sarbanes-Oxley Act:Evidence from Internal Audit Outsourcing[J]. The Accounting Review,2007(82):803-835.
[5] Singh H,Woodliff D,Sultana N. Additional Evidence on the Relationship between an Internal Audit Function and External Audit Fees in Australia[J]. International Journal of Auditing,2014,18(1):121-129.
[6] Suleiman M R,Azhar Z. Outsourcing the Internal Audit Function in United Arab Emirates[J]. Global Business & Economics Anthology,2015,1:202-210.
[7] Bretschneider N S. The Decision to Contract Out:A Study of Contracting for E-Government Services in State Governments[J]. Public Administration Review,2007,67(3):531-544.

这一主张是建立在这样一个论点上的：一些承包商在该领域拥有比政府更好的基础设施和专业知识。所以对政府来说，外包成为一种可行的选择。同样，进行外包的公司可以通过将某些业务承包给第三方，从而将其资源重定向，为其他目的释放资源。比如，内部审计部门所需的人力资源可以重新分配给其他活动，从而使人们能够根据自己的能力发挥更重要的作用。但是 Enyinna 等通过对尼日利亚中小型企业的内审外包研究发现，外包内部审计的决定与风险管理考虑因素和资源管理因素之间并不存在显著的关系，但考虑到成本因素和资源可用性，小型公司外包内部审计职能的效率要高于大型公司[1]。

3. 内部审计外包的独立性

通过查阅国外内部审计外包的相关资料及文献，本书发现内审外包对内部审计独立性的影响也引起了很多学者的关注，其讨论焦点主要集中于内审外包是否会损害内部审计的独立性，对此，学者们各执一词。部分学者从审计收费方面来说明内审外包的独立性会遭到损害，如 Aldhizer 和 Cashell 在 1996 年发表的研究中认为内部审计外包服务费用高昂，据他们统计，内部审计外包的服务收费平均高于外部审计收费的十倍之多，且这种外包服务具有持续性，这会对于内部审计的独立性产生很大的负面影响[2]。还有学者从审计人员角度进行说明，如 Lowe 等研究发现，内部审计独立性的高低与执行内审与外审的审计人员是否分离相关[3]。当提供报表审计与提供内审服务的外部人员相同时，内部审计的独立性就会受到损害，而当其权职分离时，则独立性较高。Glover 等也认为，由于内部审计雇员相对于管理层很难实现完全独立，因此其内部审计职能的发挥就不如把内审业务外包出去更加客观[4]。同时，Abbott 等在 2016 年发表的研究也证实了由于内部审计人员可能为了不失去工作而不愿意举报管理层，这将不利于内部审计的独立性，而外包可以避免内部审计人

---

[1] Enyinna O, Chinedu B E, Umaru M. Managerial Factors Influencing Internal Audit Outsourcing Decisions of Small and Medium Size Enterprises in Nigeria[J]. International Journal of Business, Accounting, and Finance, 2017, 11(2): 1 - 23.

[2] Aldhizer R G, Cashell J D. A Tale of Two Companies: The Decision to Outsource Internal Auditing[J]. Internal Auditing, 1996, 11(3): 10 - 15.

[3] Lowe D J, Geiger M A, Pany K. The Effects of Internal Audit Outsourcing on Perceived External Auditor Independence[J]. Auditing: A Journal of Practice & Theory, 1999, 18(2): 41 - 44.

[4] Glover S M, Prawitt D F, Wood D A. Internal Audit Sourcing Arrangement and the External Auditor's Reliance Decision[J]. Contemporary Accounting Research, 2008, 25(1): 193 - 213.

员在面对管理层时的压力,从而有助于增强内部审计的独立性[1]。此外,Aldhizer 等在 2003 年发表的文章中也表达了企业将内部审计业务外包出去对提高内部审计的独立性是有益的观点[2]。

对于内审外包的独立性是否会受到损害,还有学者表示出内审外包不会受到影响的不同意见。如 Swanger 和 Chewning 对 250 名财务分析师作调查,通过对调查结果的分析,他们指出外包本身并不会影响内部审计的独立性,执行内审与外审业务的审计人员是否分离才是问题所在[3]。

4. 内部审计外包的利弊

在内部审计外包的利弊方面,学者们尚未形成一致观点。其中,部分学者认为内部审计外包能给企业带来益处。例如,对于企业自身而言,Prawitt 等指出,外部机构所提供的内部审计人员,在专业胜任能力和实践经验方面更优,而且在内审外包的情况下,企业会放弃明显的盈余操纵[4]。Everaert 等认为内部审计外包将有助于企业降低审计成本与费用[5]。Barr 和 Chang 则认为,内部审计外包的存在与组织内部审计机构并不冲突,它可以与内部审计机构相辅相成,补充内部审计不足之处,有助于组织内部审计体系的完善[6]。Aldhizer 等认为公司实行内部审计外包能减少其内审成本且可以受益于外包公司的专业知识与技能[7]。Abbott 等发现,内部审计外包比内置更能减少审计费用,并增强内部审计的灵活性[8],因为外包时内

---

[1] Abbott L J,Parker S,Peters G F. Internal Audit Quality and Financial Reporting Quality:The Joint Importance of Independence and Competence[J]. Journal of Accounting Research,2016(1):5 - 37.

[2] Aldhizer R G,Cashell J D,Martin D R. Internal Audit Outsourcing[J]. The CPA Journal,2003(8):38 - 42.

[3] Swanger S L,Chewning E G. The Effect of Internal Audit Outsourcing on Financial Analysts' Perceptions of External Auditor Independence[J]. Auditing:A Journal of Practice & Theory,2001,20(2):115 - 129.

[4] Prawitt D F,Smith J L,Wood D A. Internal Audit Quality and Earnings Management[J]. The Accounting Review,2009,84(4):1255 - 1280.

[5] Everaert P,Sarens G,Rommel J. Using Transaction Cost Economics to Explain Outsourcing of Accounting[J]. Small Business Economics,2010,35(6):93 - 112.

[6] Barr R H,Chang S Y. Outsourcing Internal Audits:A Boon or Bane? [J]. Managerial Auditing Journal,1993(8):14 - 17.

[7] Aldhizer G R,Cashell J D. A Tale of Two Companies:The Decision to Outsource Internal Auditing[J]. Internal Auditing,1996(11):10 - 15.

[8] Abbott L J,Parker S,Peters G F. Audit Fee Reductions from Internal Audit-provided Assistance:The Incremental Impact of Internal Audit Characteristics[J]. Contemporary Accounting Research,2012(29):94 - 118.

部审计时间安排是灵活可变的,而内置时内部审计时间则由于内部审计人员工作时间的固定性而比较死板。还有学者从企业和事务所两方角度来阐述,如 Aldhizer 等认为内部审计外包可以实现企业和事务所的双赢[1],对企业来说,外包可以降低企业成本,实现经济利益最大化,有助于企业集中优势资源提升核心业务;对会计师事务所来说提供内部审计服务可以拓展其业务范围和领域,一旦形成规模经济,则有利于降低审计服务成本。此外,Rittenberg 和 Mark 以英国政府作为研究对象,对其内部审计外包的成本和效益作出调查,发现政府通过内部审计外包可以提高其服务效率并降低成本,并认为内部审计外包服务在未来的市场潜力很大[2]。Suleiman 和 Dandago 则认为内审外包可以增强财务报表的可信度[3]。

也有部分学者指出了内部审计外包的弊端。例如,Cardillo 认为,外包所聘任的外部审计人员忠诚度不如内部审计人员,此外,对企业的了解程度和细微变化的敏感程度也不及内部审计人员,因此,企业不应将内部审计外包[4]。Caplan 和 Kirschenheiter 认为会计师事务所派出的内部审计服务人员,可能存在缺乏工作经验的情况,这就不利于开展内部审计业务,可能会降低组织内部审计质量,并且会对企业商业安全造成隐患[5]。除此之外,他们根据研究发现内部审计外包并没有降低审计成本与费用,反而增加了审计成本与费用。Coram 等研究认为,保持内部审计功能在组织内部比完全外包更为有效[6]。Krishnan 等认为内部审计外包会降低内部审计效率[7]。Abbott 等认为企业可以将内部审计作为管理培训平台,而内部审计外包后则会失去这一功能[8]。

---

[1] Aldhizer G R,Cashell J D,Martin D R. Internal Audit Outsourcing[J]. The CPA Journal,2003(8):38 - 42.
[2] Rittenberg L,Mark C. Outsourcing the Internal Audit Function:The British Government Experience with Market Testing[J]. International Journal of Auditing,2003,3(3):225 - 235.
[3] Suleiman D M,Dandago K I. The Extent of Internal Audit Functions Outsourcing by Nigerian Deposit Money Banks[J]. Procedia-Social and Behavioral Sciences,2014,164:222 - 229.
[4] Cardillo R C. Internal Auditing[J]. Financial Executive,1994,10(6):7.
[5] Caplan D H,Kirschenheiter M. Outsourcing and Audit Risk for Internal Audit Services[J]. Contemporary Accounting Research,2000,17(3):387 - 428.
[6] Coram P,Ferguson C,Moroney R. Internal Audit,Alternative Internal Audit Structures and the Level of Misappropriation of Assets Fraud[J]. Accounting & Finance,2008,48(4):543 - 559.
[7] Krishnan G V,Yu W. Do Small Firms Benefit from Auditor Attestation of Internal Control Effectiveness? [J]. Auditing:A Journal of Practice & Theory,2012,34(1):304 - 354.
[8] Abbott L J,Parker S,Peters G F. Internal Audit Quality and Financial Reporting Quality:The Joint Importance of Independence and Competence[J]. Journal of Accounting Research,2016(1):5 - 37.

5. 内部审计外包与管理者

管理权与所有权的分离可看作是内审外包产生的缘由之一。管理权与所有权分离是一种控制机制,几乎是全球现代企业制度都在强调的监管要求,审计作为其监管方式之一,包括外部审计和内部审计。然而,由于内部审计可能会受到企业内部管理层的制约,再加上其他众多因素,其作用的发挥就会受到限制,外部审计则可以对其职能有所补充。根据法律规定,外聘审计员必须对管理层编制的财务报表的真实性和公平性发表独立意见,以确保其真实性并增加可信度。而对于内部审计而言,内部审计的职能并不仅仅局限于由企业内审部门来完成。有人认为,当内审组织人员需要满足注册会计师这一要求时,内部审计师的职责可以由组织的员工(内部)履行,也可以完全或部分地与外部方(外包受益人)签订合同执行。Elmuti 和 Kathawala 提出,内部审计外包决策已成为公司治理的一种管理策略,通过该策略,组织将最初在内部执行的内部审计职能或活动外包给一个专业和高效的服务提供商①。内审外包的决策是一种业务重新聚焦的策略,这需要组织的管理者清楚地理解和发展一个制定外包决策的非模糊概念框架。该框架将包括明确和具体目标的概念,以及对外包决策的利益和风险的识别。风险也是影响外包决策的一个主要因素,外包风险是指在商业秘密泄露、机密数据丢失、供应商变化等方面对第三方的感知风险。也有人强调,内部审计外包给第三方的风险还包括公开披露各种财务信息的风险,因此组织的战略管理必须意识到这些风险。

二、国内文献综述

由于 SOX 法案以及 C-SOX 对企业内部审计外包的管制和执行过程中的高成本,国内亦掀起对内部审计外包的讨论热潮,目前已有不少研究成果,但多以规范性分析为主。本书从以下两大方面来对内审外包的研究进行回顾。

1. 内部审计外包规范性研究

在内部审计外包的可行性方面,刘峰和刘海燕通过对内部审计性质进行分析,以代理理论为依据解释了内部审计外包产生的原因。傅黎瑛采用回归分析的方

---

① Elmuti D, Kathawala Y. The Effects of Global Outsourcing Strategies on Participants' Attitudes and Organizational Effectiveness[J]. International Journal of Manpower,2000,21(2):112-128.

法,从交易费用的角度对内部审计在我国的可行性方面进行了探讨①。崔刚从企业战略角度分析了内部审计外包的可行性②,他认为,内部审计是否可以外包要以企业的发展战略为基础,二者息息相关。

在内部审计外包的利弊方面,冯永梅通过归纳国内外内部审计外包相关资料及文献,对其优劣势作了总结、比较及分析③。她将内部审计外包的优势归纳为四个方面:节约交易费用、提高内部审计质量、加强内部审计独立性、提高组织核心竞争力。而劣势方面为:内部审计外包使企业存在安全隐患,可能会导致商业机密泄露;外包连续性不如内置,不利于组织长远发展;审计费用可能更高,不利于降低成本;外部人员对企业的责任感、忠诚度和了解程度不如内部人员等。孙凌云和李作家认为内部审计外包有利于内部审计职能更好发挥④。冯均科认为随着内部审计外部化日趋发展,内部审计已经成为外部审计的探路者,它承担了很多成本,但是却不利于企业自身内部审计的自我认知⑤。钟骏华和邢福梅认为内部审计外包可能会导致内部审计的权威性受损,并且可能会浪费一部分的内部审计资源⑥。

在内部审计外包的独立性方面,傅黎瑛认为,在形式上来看外包可以提高内部审计的独立性,但是从实质上来看仍未定数,需要进一步的研究和讨论⑦。刘启亮等以我国上市公司为研究对象,对其内部审计的独立性作出分析,他指出我国上市公司的内审独立性会受到行业、市场等外部环境和公司实际控制人等因素的影响⑧。

2. 内部审计外包实证研究

王鹏利用层次分析的方法针对组织如何进行内部审计外包决策建立了模型,所得结论可在企业进行外包决策时提供一定依据和参考⑨。朱靖娟从案例研究着手,选取了江苏省某高校,调查了其内部审计外包情况,并依据调查数据建立了二

---

① 傅黎瑛.内部审计外包中的独立性和决策标准问题研究[J].管理世界,2008(9):177-179.
② 崔刚.以组织发展与战略管理为背景的内部审计外包研究[J].中国注册会计师,2005(03):60-63.
③ 冯永梅.内部审计外包的策略分析[J].财会月刊,2007(27):61-62.
④ 孙凌云,李作家.企业内部审计外部化的利与弊[J].经济研究导刊,2010(35):148-149.
⑤ 冯均科.内部审计发展:边缘化还是回归?[J].审计研究,2013(2):52-57.
⑥ 钟骏华,邢福梅.我国企业内部审计外部化研究[J].合作经济与科技,2016(1):136-138.
⑦ 傅黎瑛.内部审计外包中的独立性和决策标准问题研究[J].管理世界,2008(9):177-179.
⑧ 刘启亮,罗乐,何威风,等.产权性质、制度环境与内部控制[J].会计研究,2012(3):52-61.
⑨ 王鹏.内部审计外包决策理论研究[D].大连:东北财经大学,2007.

元评定模型,分析了高校进行内部审计外包决策的影响因素①,并得出结论:对于高校来说,内部审计风险、内部审计的独立性和权威性、审计人员的忠诚度是其在外包决策中考虑的重要因素。刘斌和石恒贵以2007年公开披露的1189家上市公司为样本②,通过收集其发布的自查报告建立了多元回归模型,以研究影响我国上市公司内部审计外部化的动因,经过实证分析研究发现:内部审计资产的专用性、审计委员会是否发挥实质性作用和内部审计业务进行的频繁程度是影响企业内部审计外包的重要因素。石恒贵还研究了内部审计外包对内部审计独立性的影响,研究表明内部审计业务是否外包对内部审计独立性有比较显著的影响。此外,他还发现,审计独立性与外部内审服务提供商的情况也有关系,外包商规模越小,收取费用越高,并越趋向于提供咨询式服务时,内部审计独立性越弱。

黄溶冰通过对两家企业的案例调查研究,从组织柔性角度分析提出,企业在斟酌是否将内部审计外包时,应站在整个企业的战略高度③,如果通过外包有利于企业资源整合和实现企业价值增值,那么就应当选择外包,反之则应内置。内审外包与否是企业为了使内部结构与环境相匹配的一种自主行为。

赵保卿和李娜也采用了层次分析法对内部审计外包的决策过程进行了研究,并提出组织可以利用层次分析法对外包项目作出决策④。温瑶以沪市942家上市企业为样本进行调查,据调查数据显示,我国有47.4%的上市公司存在内部审计外包,有53%的企业内部审计完全内置⑤。在各行业中,金融业外包存在情况最多,建筑业最少。

三、文献评述

综上所述,目前国内外学者对内审外包问题展开了广泛讨论,但多以规范性分析或小样本调查为主。国外关于内审外包的研究大致包括内审外包对审计成本的影响、内审外包形式、内审外包动因、内审外包独立性、内审外包利弊、内审外包与

---

① 朱靖娟.高校内部审计外部化问题研究——基于 Logit 模型的分析[J].安徽农业大学学报(社会科学版),2008(5):20-23.
② 刘斌,石恒贵.上市公司内审计外包决策的影响因素研究[J].审计研究,2008(4):66-73.
③ 黄溶冰.内部审计外包的策略选择:组织柔性视角的案例研究[J].审计研究,2012(2):98-104.
④ 赵保卿,李娜.基于层次分析法的内部审计外包内容决策研究[J].审计与经济研究,2013(1):37-45.
⑤ 温瑶.我国上市公司内部审计外包的现状浅析[J].金融经济,2014(24):214-216.

管理者几个方面。大部分学者认为由于内部审计不属于企业的核心竞争部分,因此将其外包是可行的,并认为合作内审的外包方式可以较好地平衡外包的优缺点,同时根据国外的调查研究显示,西方企业内部审计外包的比例较高。目前内审外包与管理者方面的研究只强调了管理者在内审外包决策时的战略及风险管理,管理层特征究竟如何影响内部审计外包决策,尚鲜见文献探讨。以往关于管理层特征的研究多集中于管理层特征如何影响企业决策这一话题,包括:高管团队的工作背景与公司国际化战略[1];高管团队年龄、任期和教育与公司创新活动[2];高管团队年龄与公司财务重述[3];管理层教育水平、平均年龄与过度投资[4]等等。内部审计外包作为企业一项重要决策,同样可能受到管理层特征的影响。但遗憾的是,在管理层特征与内部审计外包之间关系方面,尚鲜见文献提供相关经验证据。

我国学者近年来也在内部审计外包的相关研究方面取得了一定的成果,主要涉及内审外包可行性分析、内审外包利弊讨论、内审外包影响因素研究、内审外包独立性研究等。但相较于西方而言,我国研究主要以规范性分析为主,实践方面的研究较少,尽管一部分文献以调查形式对内部审计外包问题进行了相关讨论,但因调查范围较窄,得出的结论难以推广到我国上市公司整体情况,故可能不具有普适性。相比较而言,本书研究是基于我国A股上市公司的问卷调查,具有样本量更大、涉及面更广、调查内容更加丰富等特点,不仅有助于从时效上反映我国企业内审外包的整体实践情况,所得结论也更具丰富性、普适性和说服力。因此,本书在深入调查我国上市公司内部审计外包整体实践情况的同时,聚焦于管理层特征视角,探讨内部审计外包的影响因素,以深化理解公司治理中董事会、执行管理层与内部审计之间的内在联系,为更好地提升治理型内部审计的资源配置效率提供经验参考,为内部审计质量的提高和内部审计外包业务的发展出谋划策。

---

[1] Lee H, Park J. Top Team Diversity, Internationalization and the Mediating Effect of International Alliances[J]. British Journal of Management, 2006, 17(3):195-213.
[2] Camelo-Ordaz C, Hernandez-Lara A, Valle-Cabrera R. The Relationship between Top Management Teams and Innovative Capacity in Companies[J]. Journal of Management Development, 2005, 24(8):683-705.
[3] 何威风,刘启亮. 我国上市公司高管背景特征与财务重述行为研究[J]. 管理世界, 2010(7):144-155.
[4] 姜付秀,伊志宏,苏飞,等. 管理者背景特征与企业过度投资行为[J]. 管理世界, 2009(1):130-139.

第三节 本书结构安排

本书共分为六章,其研究结构安排如下:

第一章绪论,介绍本书研究的背景及研究意义、研究内容、研究思路以及本书的结构安排。对国内外内部审计外包文献加以回顾总结,国外相关研究可从内审外包形式、外包动因、外包独立性、外包利弊和内审外包与管理者五方面进行概述。国内对内审外包的研究则可分为规范性研究和实证研究两大方面。本书的研究可从这两大方面对现有文献进行补充,规范性研究方面采用问卷调查的方式对A股上市公司的内审外包现状及动因进行探讨;实证方面对管理者特征如何影响企业内审外包决策进行了检验。总的来说,本章主要对国内外学者内审外包的研究现状进行了归纳总结,并强调了本书与现有研究的不同之处及研究意义所在。

第二章内审外包相关概念及理论基础,对内部审计外包的概念加以界定,并介绍了内部审计外包的几种主要形式以及代理理论、交易成本理论和核心竞争理论等。

第三章内审外包现状调查与分析,是本书核心部分。首先介绍研究问题并作出问卷说明,然后根据调查问题从五个方面对调查结果加以说明与分析。

第四章内审外包影响因素调查与分析——基于管理者特征视角,从研究假设、研究设计、实证结果与分析、研究结论四部分展开对管理者特征与内审外包决策间关系的论证。

第五章内审外包发展方略,根据问卷调查及实证分析结果,对内部审计外包未来可能的发展趋势加以分析,并在此基础上提出我国内部审计外包的发展方略。

第六章研究结论,对本书的研究结论加以总结。

本书的研究框架如图1-2所示:

第一章 绪 论

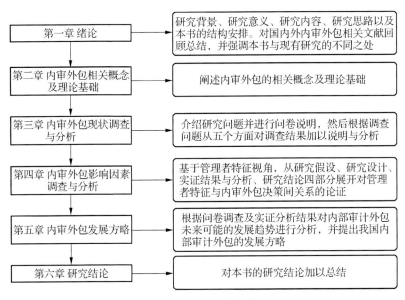

图 1-2 研究框架图

第二章 内审外包相关概念及理论基础

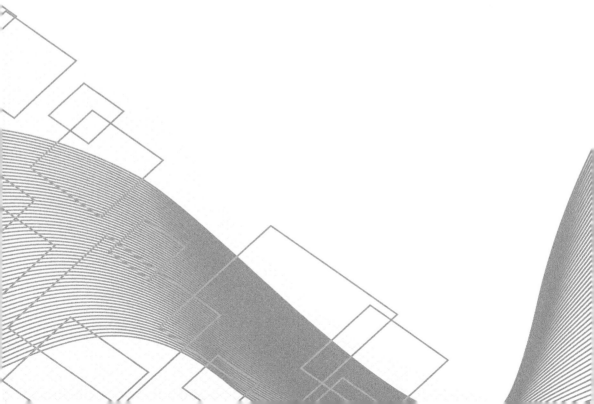

第二章 内审外包相关概念及理论基础

 内部审计外包含义

一、内部审计

2001年,国际内部审计师协会(IIA)重新制定了内部审计的定义,新定义指出:内部审计是一项独立、客观的保证和咨询活动,其目的在于增加组织价值和改善组织经营。这是目前对内部审计普遍认可、较为权威的定义。2001年,中国内部审计协会(CIIA)在发布的《中国内部审计准则》中给出的内部审计定义为:内部审计是指组织内部的一种独立客观的监督和评价活动,它通过审查和评价经营活动及内部控制的适当性、合法性和有效性以促进组织目标的实现。

由此可见,除了传统的监督职能,国内外都越来越注重内部审计对于实现企业价值增值、促进企业经营目标实现的作用。内部审计已然成为健全企业内部控制、改善经营管理、提高企业核心竞争力的重要手段之一。同时我们可以看出,内部审计不是一成不变的,其内容是一个根据组织需要不断发展变化的范畴。

二、内部审计外包

业务外包又可称为资源外包,它是一种经营管理模式,指企业将非核心业务或资源短板交由外部专业机构来组织安排,而内部优势资源主要集中于组织的核心业务,从而实现资源整合、经济效益最大化和提升核心竞争力的目的。也就是说,企业为了降低成本,集中自身优势资源发展核心业务,提升核心竞争力,通过寻求社会资源,将部分非核心业务外包出去,利用企业外部专门人才替代内部非专业人才,以弥补企业稀缺资源。

在经济全球化背景下,企业竞争日趋激烈,企业发展日益多元化,这无疑加剧了企业业务的复杂性与跨专业性,因而对内部审计人员的胜任能力也提出了更高的要求。除了基本的财务知识,内审人员还需要掌握管理、法律、金融等多领域专业知识。然而,企业内部具备这种综合性背景的审计人才比较稀缺,如果靠企业自

身培养,需要花费大量的人力物力,使企业运营成本增加。因此,企业转而寻求社会资源,有了利用外部专业人才来进行内部审计的需求,内部审计外包应运而生。

内部审计外包又可称为内部审计外部化,指企业将部分或全部内部审计职能通过契约委托给组织外部相关专业人员来执行。这一概念由国际知名会计师事务所安永、安达信、毕马威等率先提出,并逐渐被一些组织机构所认可和采用。有些学者不禁质疑,内部审计若是由组织外部人员来完成是否还能称之为内部审计?国际内部审计师协会(IIA)在1999年重新定义了内部审计,删去了"组织内部"这一对审计主体的限定词,打消了这些学者的疑虑。新定义更加强调了内部审计在改善公司经营管理、完善内部控制体系和实现组织目标方面应起到的积极作用,也就是说,内部审计的实施主体无论是企业内部设置的内审机构还是企业外部的内审外包服务提供商,都不会改变内部审计的内容、作用及实质。内部审计外部化是内部审计在实践发展过程中的产物,是企业进行内部审计活动时的一种主观选择。

三、内部审计外包与外部审计的区别

由于内部审计外包的主体为组织外部人员,这使得外包的内部审计与外部审计存在一定的相似性,但是二者还是有本质区别的。内部审计外包虽执行主体为外部人员,但是并不会因此而改变内部审计的实质,内部审计作为企业内部的协助管理部门,仍发挥着监督企业各项经营管理活动,控制经营风险,为管理者提供咨询,实现企业价值增值等作用。外部审计则主要起到社会公证作用,是完全独立于企业之外的第三方根据相关的会计制度和准则,对企业财务报表及相关资料的合法性和公允性发表审计意见。因此,我们不能简单依据审计执行主体来区别内部审计外包及外部审计,而应从二者功能性上来界定其不同。

二者的具体不同之处见表2-1。

表2-1 内部审计外包与外部审计比较

名称	内部审计外包	外部审计
审计目标	与内部审计相同,即监督企业的经营管理活动,并识别在此过程中存在的风险,协助管理者改善经营管理水平,评价企业内部控制情况,完善企业内部控制体系,提高企业内部控制水平,以实现组织目标与促进企业价值增值	根据相关的会计制度和准则,对企业的财务报表的合法性和公允性发表审计意见

第二章　内审外包相关概念及理论基础

续表 2-1

名称	内部审计外包	外部审计
服务对象	企业的管理者及投资者	政府、银行、投资者、债权人以及潜在投资者等
作用范围	内部经营管理者,作用范围是在组织内部	起到社会公证的作用,其作用范围不限于组织内部,比内部审计更广阔
审计内容	根据具体的情况而定	依据财务报表所有内容对其真实性及公允性作出审查与评价
与内部控制关系	针对企业整个内部控制系统	针对的是企业内部财务控制
审计性质	监督、评价	鉴证
审计依据	《中国内部审计准则》	《中国注册会计师执业准则》

第二节　内部审计外包的形式

内部审计外包在我国目前尚不普遍,虽然不少学者在理论研究方面取得了一定成果,但是建立在实践基础上的理论体系尚不完善。而在国外,由于内部审计发展已久,内部审计外包出现也相对较早,因此基于实践发展而来的理论体系已较为完善与成熟。本书通过查阅参考大量国内外相关文献及资料,将内部审计外包归纳为四种形式。

一、咨询式外包

咨询式外包指企业在进行内部审计业务时遇到自身无法解决的问题,转而向外部寻求咨询与指导,一般会计师事务所等相关机构会提供此类管理咨询服务。采用这种模式的企业一般都设立有内部审计机构,在机构设置完善的基础上,通过外部服务商提供的咨询与指导,可以使企业的内部审计计划更加完善,有助于企业识别经营管理过程中的风险。除此以外,咨询式外包也可以提供帮助企业招聘和培训内部审计人员的服务。在这种外包模式下,外部审计人员在内部审计活动中充当顾问的角色,对企业内部审计起到指导作用,并不直接参与到内部审计业务中去,这其实可以视为管理咨询服务的一种延伸。

咨询式外包有助于弥补企业资源稀缺的不足,优化资源配置,完善企业内部审计体系。特别是对于中小企业来说,内部审计人员的职业水平可能并不是很高,如果通过咨询式外包对内部审计人员进行培训与指导,有助于提升内部审计人员的专业胜任能力,从而有利于提高企业内部审计质量。由于外部审计人员只是提供咨询与指导,并不直接参与企业内部审计业务,因此导致企业商业机密泄露的可能性较低,但外部审计人员提出的建议与指导也可能因此缺乏针对性,导致其得不到内部审计人员的重视,达不到预期效果,实质性作用不大。

二、补充式外包

补充式外包是一种最原始的外包方式,当企业内部审计机构在开展内部审计业务时,如果面对一些特殊或跨领域、专业要求较高的审计业务,可能由于自身审计人员相关知识不完备,专业胜任能力不足,而无法完成审计任务。这时就需要聘任外部审计人员来直接执行部分内部审计业务。而如果选择针对这部分审计任务对审计人员进行专门培训的话,不仅费用高,所需时间长,而且通过培训是否可以达到业务能力要求也是未知数。因此,聘任外部相关专业人才来完成该审计任务对企业来说是一种不错的选择。在该补充式外包模式下,企业的审计范围不再因专业知识不足而受限,更有利于发挥内部审计在企业价值增值方面的作用。

补充式外包的优点在于,只借助外部审计完成特殊领域的审计业务,在完善企业内部审计工作的同时,又不会威胁到内部审计机构的主体地位。但是也可能会导致该部分审计业务与内部审计整体业务脱钩,从而降低内部审计效率,影响内部审计质量。

三、合作式外包

合作式外包又可称为协力式外包或合作内审,是指企业内部审计人员与外部人员合作来完成内部审计业务。企业旨在通过这种模式提高内部审计质量及效率,降低企业成本,以提高企业核心竞争力。在该模式下,内部审计业务以项目组为单位来执行,但仍以企业的首席执行官为主导,根据项目组的具体情况及需要而配备不同的审计人员,包括内部审计人员及聘任的外部审计人员。对于涉及企业核心竞争业务及商业机密的审计业务,考虑到企业安全隐患,一般以内部审计人员为主,外部审计人员为辅;而对于特殊或跨领域的审计业务,则以外部审计人员为主,内部审计人员为辅。这样,在提高内部审计效率及质量的同时,又可以尽可能降低企业商业机密泄露的风险。

合作内审的优点在于,通过与外部审计人员合作,有效利用外部审计人员的专业知识和技能,使得内部审计业务受限范围降低,有利于企业内部审计机构更加全面有效地完成内部审计工作,更好地发挥内部审计应有的作用。另一方面,将非核心业务外包出去,也有利于内部审计人员集中精力和时间关注企业核心业务的审计工作,有助于提高企业核心竞争力,以实现企业价值增值。此外,在内部审计人员与外部审计人员合作过程中,通过交流与沟通,也有助于提高内部审计人员的专业胜任能力。2001年,美国针对447个审计执行官进行了调查,据统计数据显示:有41%的执行官在未来倾向于选择合作内审的外包方式;已经采取合作内审的有44%愿意维持目前外包水平;61%的执行官表示外包服务满足了他们的需求,29%的表示内审外包商提供的服务超出其预期。专家、专业知识、技术能力、人员弹性、最佳实务被认为是合作式外包的最大收益。

四、内审职能全部外包

内部审计职能全部外包是指将内部审计业务全权交由外部机构来执行,采取该模式的企业内部一般没有单独设立内部审计机构,只存在少数内部审计人员,其作用主要是与外部审计人员沟通协调。因此,只有在企业建立初期或者中小型企业会选择这种外包模式。

该模式在目前实际应用中越来越少见,这是由于完全外包最大的隐患就是可能导致商业机密泄露,这会威胁到企业财务及经营等方面的安全。其次,外部审计人员对企业的了解和责任感不如内部审计人员,对企业没有归属感,这可能导致其工作效果及效率不如内部审计人员。此外,从长期角度来看,完全外包也不利于企业内部审计业务的稳定连续,因为聘任一个能够长期合作的外部审计机构来执行内部审计业务并不容易,而如果经常更换外包服务提供商则会损害内部审计业务的连续性。最后,内部审计机构作为企业人才培养的平台之一,在全外包的情况下,企业内部一般不再设立内部审计机构,这意味着企业将失去这一平台,对企业审计人才培养来说无疑是一种损失。

第三节 内审外包相关理论

一、代理理论

1976年,Jensen和Meckling首次提出代理理论,并将代理成本划分为:监督成本、约束成本和剩余损失三个部分[①]。代理理论认为,组织资源的投资所有者和资源的管理支配者之间存在契约关系,在现代企业中,这个投资所有者就是委托人,而经营管理者,比如实际中的职业经理人,则为代理人。监督成本是指,委托人为了监督代理人是否有利用组织资源过度消费的行为,是否按约履行了代理关系,是否存在逆向选择和道德风险所产生的支出。约束成本是指,代理人为了获得委托人的信任与肯定,证明自身认真履约,而聘请第三方机构出具审计报告并定期向委托人披露经营管理状况所产生的成本。剩余损失则是指,由于组织资源的所有者和支配者不是同一主体而导致利益不一致所产生的损失。

内部审计作为企业内部的一种自我约束机制,就是为了审查和评价经营活动及内部控制是否合法、适当及有效,从而降低代理成本,实现组织价值增值,保证企业所有者的经济利益,它正是因代理问题而存在的产物。因此,内部审计同时具有监督成本和约束成本。在全球化背景下,随着市场竞争的加剧,企业为了生存,其发展日趋多元化,使得内部审计业务的范围不断扩大、复杂性增加,除了传统的财务审计,还涉及经营管理甚至跨领域的审计,这对内部审计机构及审计人员无疑是一个巨大的挑战,需要他们具备综合且专业的知识储备,但是一般这种拥有综合知识背景的审计人才比较稀缺,企业若是着力培养该类人才无疑会耗费大量人力物

---

① Jensen M C, Meckling W H. Theory of the Firm: Managerial Behavior, Agency Costs and Ownership Structure[J]. Journal of Financial Economics,1976,3(4):305-360.

力,导致企业代理成本增加。面对这种情况,如果借助社会资源,通过外部专门人才来进行内部审计,可以使企业耗费更少精力,降低代理成本,不失为一种更好的选择。并且,通过外包也可以让外部审计人才在执业过程中加强与企业内审人员的沟通,提高内审人员的专业胜任能力,有利于企业内部审计机构的长远发展。

二、交易成本理论

交易成本理论的产生基于交易费用理论。1917年罗纳德·科斯教授(Ronald H. Coase)在其《企业的性质》一书中首次提出交易费用,他认为交易费用是指达成交易所需要的有形的和无形的成本,包括搜索费用、谈判费用以及履约费用。该理论的基本思路是:以节约交易费用为首要前提,对交易进行分析,识别各交易的不同特征,从而找出适合协调组织机构的交易方式。

根据交易成本理论,交易主体以成本最低为原则来选择交易方式,通过成本比较来决定是选择市场交易还是内部交易,旨在降低企业总成本,达成组织目标。因此,是选择借助市场资源通过外包方式完成内部审计,还是选择依靠组织内部审计机构完成审计业务属于交易成本理论的研究范畴。根据交易费用理论,组织选择内部审计外包的原因主要包括三个方面:

1. 内部审计资产专用性有所下降

资产专用性指某项资产具备特定经济用途,如果该资产用于其他经济活动,则会使该资产经济价值降低或者不再具备经济价值。内部审计作为企业内部的资产之一,其用途在于:审查和评价企业经营管理、风险管理和内部控制活动,旨在促进组织目标的达成,提高组织价值。而这一过程中的审计知识、审计技术方法和审计经验的专用程度并不高,具有一定的通用性。因此,组织可以从竞争市场寻求成本更低的方式来进行内部审计工作,即内部审计的资产专用性不强为内部审计外包提供了可能。

2. 市场交易成本逐渐下降

随着内部审计的发展,内部审计执业标准日趋完善,企业可以根据相关标准对内部审计结果进行评价,从而对内部审计外包服务质量作出客观评判。此外,内部审计服务市场也日益成熟,与内部审计相关的业务出现可以向企业出售的标准化产品,并且这种产品越来越多,竞争的加剧使得市场交易成本下降。这些因素都使得内部审计外包成为一种可能与选择。

3. 符合成本效益原则

企业进行经济决策时的基本原则是效益大于成本,目标是追求经济效益最大化。现实中,企业雇佣的内部审计人员可能会出现跳槽、经验不足或专业胜任能力难以满足企业需求的情况,在这些情况下,企业的培训费用和管理费用可能会提高,企业成本增加。如果通过外包的方式,借助社会资源,即聘请专业知识扎实、实践经验丰富的外部审计人员来执行内部审计业务,可能更有利于企业内部审计活动的顺利进行,有利于完善内部审计机构,保证审计质量,且耗费的成本与培养内部审计人员相比可能更低,更加符合成本效益原则。

三、核心竞争理论

20世纪20年代,马歇尔发表了企业内部成长论,奠定了核心竞争理论的基础。核心竞争理论主要包括两个方面:资源基础理论和核心能力理论。二者之间既彼此独立又互为补充。其具体内容见表2-2:

表2-2 资源基础理论及核心能力理论内容

	资源基础理论	核心能力理论
起始标志	沃纳菲尔特(Wernerfelt) "企业资源学说"	普拉哈拉德(C. K. Prahalad)和加里·哈默尔(Gary Hamel) "公司的核心能力"
理论体系发展代表人	巴尼(Jay B. Barney)、申德尔(Dan E. Schendal)、库尔(Karel Cool)、迪瑞克斯(Ingemar Dierickx)、德姆塞茨(Harold Demsetz)、库勒(Kathleen R. Conner)、皮特瑞夫(Margaret A. Peteraf)、柯利斯(David J. Collies)、蒙哥马利(Cynthia A. Montgomery)等	斯多克(George Stalk)、伊万斯(Philip Evans)、舒尔曼(Lawrence E. Shulman)、蒂斯(David J. Teece)、匹萨若(G. Pisano)、苏安(A. Shuen)、福斯(N. J. Fosse)、兰柯路易斯(R. N. Langlois)、贺尼(A. Heene)等
核心内容	企业在生存和发展过程中需要资源的无限性,以及企业内部资源的有限性,决定了企业不可能依靠自身获得全部所需资源,企业或多或少都要向外界寻求产品或服务来满足自身的资源不足及需求	企业是资源和能力的整合,而资源的异质性是取得优势竞争地位的决定性因素,由于企业资源是有限的,对于稀缺资源,企业可以借助外部资源来弥补,以保留内部优势资源用于核心竞争,以达到优化资源配置,确保竞争优势的目的

资源基础理论认为外包是组织发展的必然需求,并且这种方式有利于企业利

用更加优质的资源,促使组织目标的实现。内部审计外包正是企业利用市场寻求优质资源,即费用成本更低、专业化更强的内部审计服务,以弥补自身稀缺资源,达到优化企业资源配置,促进企业目标达成的目的。

核心能力理论认为,企业可以通过外包的形式,将非核心的业务委托给外部机构执行和管理,以便企业集中自身的优势资源来着力于强化核心业务,促进企业核心竞争力的提高。内部审计属于企业的非核心竞争业务,旨在实现企业目标与价值增值,通过外包,企业可以寻求更加专业优质的内部审计服务,有利于提高内部审计质量,也有利于内部审计机构集中更多精力在帮助组织价值增值这一职能上,真正服务于企业的战略发展。

第三章 内审外包现状调查与分析

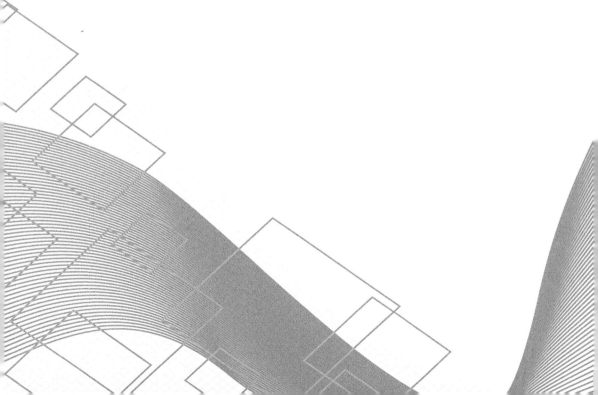

第三章　内审外包现状调查与分析

第一节　问卷问题

目前国内关于我国内部审计外包的文献仍以规范性研究为主,尽管在经验性分析方面取得了一定成果,但主要依赖于小范围的问卷数据,鲜见对我国上市公司的内部审计外包情况进行全面调查的研究。本书通过对我国企业内部审计外包情况进行深入、全面地问卷调查,试图回答以下问题:①我国企业当前的内部审计外包需求情况如何?②为我国企业提供内部审计外包服务的主要是哪些组织机构?③我国企业已进行内部审计外包多长时间?④我国企业主要将哪些内部审计业务外包给服务商?⑤我国企业选择是否进行内部审计外包时,哪些是其主要考虑的因素?

第二节　问卷说明

关于此次问卷调查,我们是在中国证券监督管理委员会(简称中国证监会)上市部的合作支持下进行的,综合使用了座谈会、问卷调查、实地调研等多种形式。证监会希望通过本次问卷调查,从内部审计外包的视角,了解我国上市公司内部控制及内部审计情况,进一步规范我国上市公司的行为,以维护证券市场的正常秩序,保护投资者的合法权益。首先,分别在2014年7月3日和2014年8月14日,举行主板上市公司座谈会、中小板和创业板上市公司座谈会,结合座谈会的初步调查结果,设计调查问卷初稿;其次,进行小规模试调查,检查和分析调查结果,从中发现问卷设计缺陷并进行修改,以保证问卷的适用性;再次,与证监会、上市公司协会、上海证券交易所(简称上交所)、深圳证券交易所(简称深交所)、迪博公司、国内外专家学者等举行座谈会,修改调查问卷,形成最终稿,并于2014年9月通过上交所、深交所向我国全部 A 股上市公司发放调查问卷,回收率约为 85%;最后,通过对随机抽取的上市公司进行实地调研,完成数据复核,确认调查问卷数据与实际情况无实质性差异。

关于企业内部审计外包情况,证监会对企业的内审负责人进行了调查,同时参考 Abbott[①] 和 Glover[②] 等的相关研究,具体问题设计如下:①贵公司是否将内部审计业务部分或全部外包给其他机构?设置以下选项:A. 部分或全部外包[③];B. 不外包。②贵公司内部审计外包服务的提供商是以下哪类公司?设置以下选项:A. 目前为公司提供审计服务的会计师事务所;B. 其他会计师事务所;C. 其他。③如果贵公司已将全部或部分内部审计业务外包,这种安排已存在了多长时间?④贵公司目前将"内部控制评价""领导干部经济责任审计""绩效审计""专项审计""管理提升""其他"中的哪些内部审计业务外包?外包服务商提供每项审计业务所需的时间是多少小时/年?如无外包,请填写"0"。⑤影响组织将内部审计业务外包的主要原因:A. 内审的外部服务商具有较高的专业能力;B. 公司内部审计人员较少;C. 内审的外部服务商承担法律责任;D. 时间安排更有弹性;E. 降低内部审计的整体成本;F. 提高内部审计质量。问卷针对每一原因,给出 5 个选项以供被调查者选择,分别为非常不同意、较不同意、一般、较为同意和非常同意。⑥影响组织将内部审计业务内置的主要原因:A. 保密,防止重要信息外泄;B. 保持公司文化;C. 外部人员不了解公司内部情况;D. 外部人员对公司缺乏主人翁精神;E. 时间安排更有弹性;F. 外包内部审计成本更高。问卷针对每一原因,同样给出 5 个选项以供被调查者选择,分别为非常不同意、较不同意、一般、较为同意和非常同意。

对于问题⑤和问题⑤所涉及的 Likert 量表部分,我们分别进行了信度和效度

---

① Abbott L J, Parker S, Peters G F. Audit Fee Reductions from Internal Audit-provided Assistance: The Incremental Impact of Internal Audit Characteristics[J]. Contemporary Accounting Research, 2012(29): 94 – 118.

② Glover S M, Prawitt D F, Wood D A. Internal Audit Sourcing Arrangement and the External Auditor's Reliance Decision[J]. Contemporary Accounting Research, 2008, 25(1): 193 – 213.

③ 与以往文献做法相同,我们在调查企业的内审外包需求情况时,把部分外包和全部外包作为同一个选项。同时,我们注意到,我国相关政策对企业的内审外包行为进行了规定,如《中国银监会关于印发商业银行内部审计指引的通知》要求,商业银行可将有限的、特定的内部审计活动外包给第三方。这就导致企业不太可能将内审业务完全外包,故把全部外包作为单独选项,意义可能不大。

检验。其中,对于问题⑤,我们发现 Cronbach's $\alpha=0.75$,超过 0.7 的可接受水平,表明该调查问题设计的信度较高;KMO 值等于 0.70,超过了 0.5 的最低要求,Bartlett 球形度检验的近似 χ^2 值为 539.76,对应 P 值等于 0.00,因此该问题设计的效度较好。对于问题⑥,经检验发现 Cronbach's $\alpha=0.82$,KMO$=0.83$,Bartlett 球形度检验的近似 χ^2 值为 2 347.25,对应 P 值等于 0.00,因此该问题设计同样具有较高的信度和效度。

第三节 问卷调查结果与分析

一、内部审计外包需求情况分析

在内部审计外包的需求方面,接受调查的企业中(如图 3-1),有 299 家企业选择将内部审计部分或全部外包,占样本总量的 19.12%;而有 1 265 家企业则选择内置不外包,占比 80.88%。整体而言,我国企业内部审计外包的比例还较低。但是,相对于 2007 年我国上市公司中仅有 8.68%选择了内部审计外包[1],目前我国上市公司选择内部审计外包的比例已大幅增加。

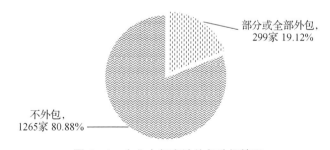

图 3-1 企业内部审计外包选择情况

---

[1] 刘斌,石恒贵.上市公司内部审计外包决策的影响因素研究[J].审计研究,2008(4):66-73.

由于国有控股企业普遍存在所有者缺位,加之业务复杂多样、受代理问题影响的代理链条更长,对内部审计外包的需求可能比非国有控股企业更大,因此我们将样本按照产权性质分组统计分析①。表3-1为内部审计主体的选择情况,从中可见,在选择内部审计外包的企业中,国有控股企业有151家,占国有控股企业总样本的30.51%;而非国有控股企业有148家,占非国有控股企业总样本的13.84%,远低于国有控股企业,说明国有控股企业比非国有控股企业更愿意将内部审计进行外包。

考虑到内部控制水平较低的企业,其内部审计体系可能不完善,出现内控缺陷的概率更高,从而更可能需要通过外包来弥补内部控制建设的不足,因此我们进一步按内部控制水平高低(以迪博内部控制评价指数的中位数为分界点)进行分组统计分析。表3-1的结果表明,内部控制水平高的企业选择内部审计外包的比例(16.88%)要低于内部控制水平低的企业(22.04%),说明内部控制水平低的企业的确更倾向于将内部审计外包。

表3-1 不同产权性质、内控水平、法制环境企业内部审计外包选择情况

分组		不外包		部分或全部外包	
		回复样本量	所占比例(分母为该组样本数)	回复样本量	所占比例(分母为该组样本数)
产权性质	国有控股	344	69.49%	151	30.51%
	非国有控股	921	86.16%	148	13.84%
内控水平	较高	660	83.12%	134	16.88%
	较低	559	77.96%	158	22.04%
法制环境	较好	720	84.21%	135	15.79%
	较差	545	76.87%	164	23.13%

注:由于部分公司的内部控制评价指数数据缺失,故在选择不外包的公司样本中,内控水平较高组和内控水平较低组的样本之和为1 219,小于1 265。同时在选择部分或全部外包的公司样本中,内控水平较高组和内控水平较低组的样本之和为292,小于299。

当企业所处的法制环境较差时,企业决策更可能在弱法制保护环境下面临失信风险、专利侵权风险、违约风险等,导致资源配置效率降低,经营目标和价值增值

---

① 在问卷调查中,被调查者首先需要填写本公司代码,通过代码匹配,我们可获得被调查者的其他公开披露信息。

难以实现。因此,为实现现代内部审计的价值增值功能,企业在法制环境较差时可能更倾向于选择内审外包。为此,我们参考樊纲等的研究[①],进一步对内部审计外包主体需求情况按法制环境好坏(以中国市场化指数中的"市场中介组织发育和法律制度环境"分指数的中位数为分界点)进行分组统计,表 3-1 表明,所处市场法制环境较好的企业选择内部审计外包的比例(15.79%)要低于所处市场法制环境较差的企业(23.13%),说明所处法制环境较差的企业确实更有内部审计外包的需求。

二、提供外包服务的组织机构分析

在外包提供商的选择方面,根据图 3-2,我们发现从总体来看,选择会计师事务所外包内部审计的企业共有 222 家(占比 80.73%),其中,把内审外包给目前为公司提供审计服务的会计师事务所的企业有 128 家(占比 46.55%);把内审外包给其他会计师事务所的企业有 94 家(占比 34.18%)。而选择其他机构提供内审外包服务的企业有 53 家(占比 19.27%)。不难看出,会计师事务所在提供内审外包的服务上扮演着重要角色,占据了内审外包服务市场的 80%以上。

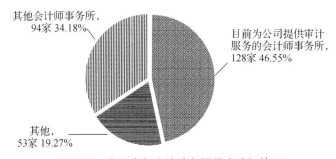

图 3-2 企业内部审计外包提供商选择情况

通过对样本按产权性质进一步划分,我们从表 3-2 发现,国有控股企业在内部审计外包提供商的选择上更加青睐会计师事务所(116 家,占比 82.86%),远高于选择其他机构的比例(24 家,占比 17.14%)。特别地,选择其他会计师事务所的国有控股企业数量(68 家,占比 48.57%)高于选择目前为公司提供审计服务的会

---

① 樊纲,王小鲁,朱恒鹏.中国市场化指数:各地区市场化相对进程 2011 年报告[M].北京:经济科学出版社,2011.

计师事务所的国有控股企业数量(48家,占比34.29%)。同样地,非国有控股企业也更倾向于选择会计师事务所为自己提供审计外包服务(106家,占比78.52%),远高于选择其他机构的企业数量(29家,占比21.48%)。这可能是由于会计师事务所在专业胜任能力、声誉等方面会整体优于其他外包机构,故不同产权性质的企业均更倾向于把内审业务外包给会计师事务所。与国有控股企业不同的是,非国有控股企业选择目前为公司提供审计服务会计师事务所的数量(80家,占比59.26%)远远高于选择其他会计师事务所的数量(26家,占比19.26%)。这可能是因为政府对国有控股企业风险管控的监管力度较大,从而对企业内部审计提出更高的要求。国有控股企业选择其他会计师事务所,可避免审计不独立问题,从而提高内部审计质量。而对于非国有控股企业,若把内部审计业务外包给为公司提供审计服务的同一会计师事务所,不仅可提高与事务所的议价能力,降低事务所总体审计费用,亦可减少沟通成本。

表3-2 不同产权性质、内控水平、法制环境企业内部审计外包提供商选择情况

分组		目前为公司提供审计服务的会计师事务所		其他会计师事务所		其他	
		回复样本量	占比	回复样本量	占比	回复样本量	占比
产权性质	国有控股	48	34.29%	68	48.57%	24	17.14%
	非国有控股	80	59.26%	26	19.26%	29	21.48%
内控水平	较高	53	43.09%	42	34.15%	28	22.76%
	较低	72	49.32%	52	35.62%	22	15.06%
法制环境	较好	68	54.40%	41	32.80%	16	12.80%
	较差	60	40.00%	53	35.33%	37	24.67%

注:在计算百分比时,分母均为各组样本总数。例如,国有控股企业组中,选择目前为公司提供审计服务会计师事务所的样本占比34.29%,其中,分母为国有控股企业组的样本总数。由于少部分内审外包企业未填写内审外包商选择情况,故本表中每组回复样本量少于表3-1中部分或全部外包的每组回复样本量。

当企业内部控制较好时,管理层由于具有良好的风险管控意识,在外包内部审计时会选择其认为更加专业的会计师事务所,但也可能会出于对企业内部控制建设的信心,选择其他外包机构执行内部审计;当企业内部控制较差时,管理层既可能出于自我保护动机,选择胜任能力较弱的外包机构进行内部审计,也可能选择专业能力突出的会计师事务所来审计企业各项业务,以弥补内部控制职能的局限性。

第三章 内审外包现状调查与分析

将样本按内部控制水平高低进行分组后的统计结果(表3-2)显示,在内部控制水平较高的企业中,将会计师事务所作为内审外包服务供应商的数量为95家(占比77.24%),其中外包给为自己提供审计服务的事务所为53家(占比43.09%),外包给其他会计师事务所为42家(占比34.15%)。而在内部控制水平较低的企业中,将会计师事务所作为内审外包服务供应商的数量为124家(占比84.94%),其中外包给为自己提供审计服务的事务所和其他事务所的企业数量分别为72家(占比49.32%)和52家(占比35.62%)。此外,分别有28家(占比22.76%)内部控制水平较高的企业和22家(占比15.06%)内部控制水平较低的企业选择其他机构作为内审外包服务的提供商。显然,不同内控水平的企业在选择内审外包提供商上均更倾向于会计师事务所。整体而言,内部控制水平高低对企业在内审外包供应商的选择方面没有表现出太大差异。

当法制环境较差时,企业各项业务面临的外部风险压力较大。为了准确识别各项业务存在的风险,管理层可能愿意聘请更专业的会计师事务所对各项业务进行严格审计。将样本按法制环境进行分组后的统计结果显示(表3-2),在所处法制环境较好的企业中,有109家(占比87.20%)选择会计师事务所作为内审外包服务供应商,其中外包给为自己提供审计服务的事务所为68家(占比54.40%),外包给其他会计师事务所为41家(占比32.80%)。而在所处法制环境较差的企业中,有113家(占比75.33%)选择会计师事务所作为内审外包服务供应商,其中外包给为自己提供审计服务的事务所和其他事务所的企业数量分别为60家(占比40.00%)和53家(占比35.33%)。此外,分别有16家(占比12.80%)所处法制环境较好的企业和37家(占比24.67%)所处法制环境较差的企业选择其他机构为其提供内审外包服务。显然,在所处法制环境较好的企业中,选择会计师事务所作为内审外包服务提供商的比例高于所处法制环境较差的企业。

三、内部审计外包存在时间分析

表3-3列示了样本企业内部审计外包持续时间的描述性统计结果,平均而言,企业进行内部审计外包已有4.61年。企业实施内部审计外包的持续时间差异较大,最长的企业已外包20年,而最短的企业外包不足1年。同时可以发现,全样本的中位数为4,表明至少有50%的企业已进行内部审计外包长达4年。通过对

样本企业进行分组统计,我们可以看出,非国有控股、内部控制水平较高和所处法制环境较差的企业均至少有半数进行内审外包超过 4 年,略长于国有控股、内部控制水平较低和所处法制环境较好的企业。

表 3-3 内部审计外包持续存在时间

分　组		回复样本量	均值	中位数	最大值	最小值	标准差
全样本		294	4.61	4	20	0.17	3.67
产权性质	国有控股	152	4.79	3	20	0.50	3.84
	非国有控股	142	4.42	4	20	0.17	3.48
内部控制水平	较高	136	4.82	4	20	0.17	3.58
	较低	151	4.42	3	20	0.50	3.81
法制环境	较好	137	4.49	3	20	0.50	3.54
	较差	157	4.72	4	20	0.17	3.78

注:(1)因外包样本中有 5 家样本公司未填写外包存续时间,故此表样本总数为 294。同时,由于部分公司的内部控制评价指数数据缺失,故内部控制水平较高组和内部控制水平较低组的样本之和小于 294。(2)时间计算截止点是 2014 年 9 月 4 日,即问卷发放日期,在实际调查中,虽然该问题的时间单位设定为"年",但因少部分回复的是"＿＿＿个月",为了统一,我们把"月"换算为"年",且在换算中采取四舍五入法,故存在小数值情况。(3)持续存在时间单位为年。

四、内部审计外包业务选择分析

我们对上市公司内部审计外包业务所需的服务时间进行了调查,结果如图 3-3 所示。平均而言,在外包的内部审计业务中,内部控制评价业务所需外包服务商提供服务的时间最长(365.88 小时),其次是专项审计(290.78 小时),再次是管理提升(189.92 小时)和领导干部经济责任审计(161.19 小时),所需时间最少的是绩效审计(42.57 小时)。这说明,外包服务商在内部控制评价和专项审计这两个业务上投入的时间最多,而其他外包业务可能审计过程比较简单,故投入精力相对较少。

由于我国资本市场在建立过程中,一直很重视企业内部控制的建设和实施,各政府部门先后出台了一系列企业内部控制相关文件。政府部门的积极推动有助于引起各上市公司对内部控制建设与实施的重视和关注,故不管是国有控股企业还是非国有控股企业,在内部控制评价方面都可能对外包服务商提出更高的审计要

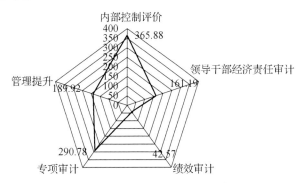

图3-3 内部审计外包业务平均所需服务时间

求。另外,国有控股企业的官本位文化更利于其进行经济寻租,因此领导干部经济责任审计在国有控股企业中既复杂又重要;而对于非国有控股企业而言,考虑到审计成本与效益问题,使得审计工作做到有的放矢,会更加重视实施过程较复杂、风险可能性较大的某些具体项目,但对这些项目的审计增加了外包服务商的工作负担。基于上述考虑,我们需要分产权性质来考察内部审计外包业务所需服务时间,结果如表3-4所示。可见,在国有控股企业中,外包服务商审计内部控制评价和领导干部经济责任这两个方面花费的平均时间最长,分别为294.27小时和205.26小时,远高于审计国有控股企业的其他业务。其中,外包服务商审计国有控股企业的领导干部经济责任方面所需时间是非国有控股企业的近2倍,这凸显出国有控股企业领导干部经济责任审计的复杂性和重要性。对于非国有控股企业,外包服务商平均所需时间最长的两个审计业务分别是内部控制评价和专项审计,分别为434.41小时和425.80小时。此外,我们还发现,不管是国有还是非国有控股企业,在绩效审计业务上花费的时间都最少,表明目前企业尚未重视绩效审计的重要性,抑或企业的绩效审计风险较低,故外包服务商在这方面并没有投入过多精力。

表3-4 产权性质与内部审计外包业务所需服务时间(单位:小时)

被外包的内部审计业务		回复样本量	均值	中位数	最大值	最小值	标准差
①内部控制评价	国有控股	111	294.27	0	6 204	0	781.13
	非国有控股	116	434.41	52	8 760	0	1 182.52
②领导干部经济责任审计	国有控股	112	205.26	0	6 204	0	694.82
	非国有控股	114	117.89	0	8 760	0	848.89

续表 3-4

被外包的内部审计业务		回复样本量	均值	中位数	最大值	最小值	标准差
③绩效审计	国有控股	109	5.06	0	360	0	36.31
	非国有控股	114	78.42	0	8 760	0	820.40
④专项审计	国有控股	108	147.02	0	4 320	0	534.70
	非国有控股	115	425.80	0	8 760	0	1 367.44
⑤管理提升	国有控股	111	64.37	0	3 240	0	359.48
	非国有控股	112	314.36	0	25 920	0	2 489.20

注：有以下情况出现，不外包的回答了此题，外包的未回答此题；服务时间的单位为小时。

内部控制有助于合理保证企业经营管理合法合规、合理保证企业资产安全、合理保证企业财务报告及相关信息真实完整、提高经营效率和效果、促进企业实现发展战略。当企业的内部控制较差时，企业出现财务舞弊的概率更大、会计信息质量更低、各项业务活动存在的风险更多。在这种情况下，外包服务商可能需要付出更多的努力去审计企业各项业务，从而增加审计时间。鉴于此，我们按内部控制水平高低进行分组，结果如表 3-5 所示。在内部控制水平较高的企业中，除专项审计外，各项外包业务审计所需的平均时间均低于内部控制水平较低的企业。这说明内部控制水平较低的企业，其各项业务存在问题的可能性较大，外包服务商不得不花费额外的审计投入，比如增加审计程序、与客户或管理层进一步沟通等。此时，外包服务商对其进行审计所耗费的时间和精力就更多。

表 3-5 内控水平与内部审计外包业务所需服务时间

被外包的内部审计业务		回复样本量	均值	中位数	最大值	最小值	标准差
①内部控制评价	内控水平高	100	337.72	0	6 480	0	845.39
	内控水平低	122	398.72	16	8 760	0	1 140.95
②领导干部经济责任审计	内控水平高	104	87.05	0	2 400	0	314.70
	内控水平低	117	220.85	0	8 760	0	1 026.65
③绩效审计	内控水平高	105	1.83	0	120	0	13.60
	内控水平低	113	82.30	0	8 760	0	824.38
④专项审计	内控水平高	101	299.99	0	8 760	0	1 096.52
	内控水平低	116	287.12	0	8 760	0	1 049.29
⑤管理提升	内控水平高	106	27.88	0	2 000	0	197.31
	内控水平低	111	350.43	0	25 920	0	2 514.43

注：服务时间的单位为小时。

五、内部审计外包动因分析

另外,我们借鉴 Abbott 等的研究①,调查了公司选择外包内部审计业务的主要原因。如图 3-4 所示,91.86%的企业认为,外部服务商具有较高的专业能力是其选择内部审计外包的最主要原因。正如 Kaplan 和 Schultz 对美国 119 个上市公司首席审计执行官(CAE)的调查发现,当内部审计部门人员主要由非专业审计师构成时,甄别舞弊的可能性更小②。而外部服务商的专业能力可在一定程度上弥补企业内部审计人员的专业性不足。

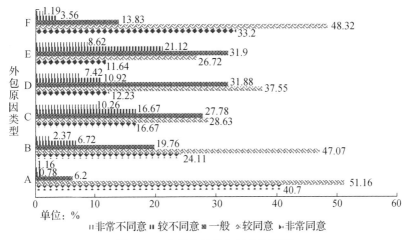

图 3-4 内部审计外包的主要原因

注:"A"代表"内审的外部服务商具有较高的专业能力";"B"代表"公司内部审计人员较少";"C"代表"内审的外部服务商承担法律责任";"D"代表"时间安排更有弹性";"E"代表"降低内部审计的整体成本";"F"代表"提高内部审计质量"。

当然,也有不小比例的企业认为,之所以选择内部审计外包,是因为公司内部审计人员较少或是为了提高内审质量。由核心竞争理论可知,企业在生存和发展过程中需要资源的无限性和实际企业内部资源的有限性的矛盾,决定了企业无法只依靠内部获得全部所需资源,对于稀缺资源,企业会通过外包服务来满足自身需

---

① Abbott L J, Parker S, Peters G F. Corporate Governance, Audit Quality and the Sarbanes-Oxley Act: Evidence from Internal Audit Outsourcing[J]. The Accounting Review, 2007(82):803-835.
② Kaplan S E, Schultz J J. The Role of Internal Audit in Sensitive Communications[J]. The IIA Research Foundation, 2006.

求,以达到优化资源配置、提高核心竞争力的目的。因此在企业内部审计不完善、内部控制比较薄弱或企业内部审计人员较少的情况下,通过外包,企业得到了更加专业优质的内部审计服务,提高了自身的内部审计质量,促进了企业目标的达成。

有接近30%的企业并不认为,内部审计外包能够降低内部审计的整体成本。这可能是由于内部审计外包虽然可以帮助企业节省监督成本,比如内部审计人员的聘任与培训成本,内部审计技术的学习、开发与实施成本等;但是与此同时,也会产生新的交易成本,比如关于外包商的信息找寻成本、外包合同的起草与签订成本、合同的执行与监督成本,此外,还包括有可能发生的或有损失等。虽然近年来我国企业越来越重视内部审计与内部控制的建设,但是对其投入力度相对来说还比较小,因此外包的成本费用可能会高于内置。这说明影响我国企业选择内审外包最主要的原因是外部服务商具有较高的专业能力,而不是降低内部审计的整体成本。

国有控股企业若经营失败由国家买单,而非国有控股公司的经营失败则是由股东自己承担,因此从控制风险的角度来看,非国有控股公司对加强内部审计有更为紧迫的需求。而且,非国有控股企业经营资源受到的约束较多,审计部门人员配备相对受限,这很可能导致其把内审业务外包给更加专业的第三方服务机构。另一方面,国有控股企业普遍存在所有者缺位及特殊的代理问题,实际控制人委托管理人员执行相关的控制职能,增加了公司代理链条的长度。为缓解代理冲突,降低代理成本,国有控股企业可能倾向于把内部审计业务外包给专业的服务商,以此向公众树立良好的企业形象。那么在现实中,国有控股企业与非国有控股企业在把内部审计业务外包时最主要考虑的原因究竟有哪些?对此,我们将样本按产权性质进行了分组统计(表3-6),结果发现,对于不同产权性质的企业来说,外部服务商具有较高的专业能力仍是企业选择外包的最主要原因。

表3-6 产权性质与内部审计业务外包的主要原因

外包内审业务 主要原因	产权性质	样本量	非常 不同意 (%)	较不 同意 (%)	一般 (%)	较为 同意 (%)	非常 同意 (%)	均值	标准差
A. 内审的外部服务商具有较高的专业能力	国有控股	134	0.75	1.49	7.46	55.22	35.07	4.22	0.71
	非国有控股	124	1.61	0	4.84	46.77	46.77	4.37	0.73

续表 3-6

外包内审业务主要原因	产权性质	样本量	非常不同意(%)	较不同意(%)	一般(%)	较为同意(%)	非常同意(%)	均值	标准差
B. 公司内部审计人员较少	国有控股	135	0.74	3.7	17.04	48.89	29.63	4.03	0.83
	非国有控股	118	4.24	10.17	22.88	44.92	17.8	3.62	1.03
C. 内审的外部服务商承担法律责任	国有控股	122	11.48	16.39	27.87	29.51	14.75	3.2	1.22
	非国有控股	112	8.93	16.96	27.68	27.68	18.75	3.3	1.21
D. 时间安排更有弹性	国有控股	114	8.77	11.4	35.96	33.33	10.53	3.25	1.08
	非国有控股	115	6.09	10.43	27.83	41.74	13.91	3.47	1.05
E. 降低内部审计的整体成本	国有控股	118	11.02	22.03	32.2	25.42	9.32	3.00	1.14
	非国有控股	114	6.14	20.18	31.58	28.07	14.04	3.24	1.12
F. 提高内部审计质量	国有控股	131	0.76	6.11	16.03	47.33	29.77	3.99	0.88
	非国有控股	122	1.64	0.82	11.48	49.18	36.89	4.19	0.8

注：将选项分别赋值，"非常不同意"赋值1，"较不同意"赋值2，"一般"赋值3，"较为同意"赋值4，"非常同意"赋值5。根据前文，选择外包的共299家，此处多于299家，因为有不外包的公司也选择了此项；有的选项之间总数不等，因为有些公司只回答了其中一个。

企业的内部控制建设越好，审计证据的可靠程度越高，外部审计耗费的审计成本与承担的审计风险越低，内部控制质量较高的公司，存在内部控制缺陷的可能性和严重程度就会降低，从而降低会计师事务所的执业风险，减少审计工作量，进而降低内部控制审计收费。内部控制水平较低的企业，由于其整体风险水平较高，可能需要聘请较专业的外包服务团队为其承担内部审计业务，进而帮助其控制和防范各种潜在风险。当然，内部控制水平较高的企业，出于较强的风险把控意识，为维持企业良好的内部控制体系和风险监督能力，也可能寻求外包服务商对其内审业务进行专业化审计。为考察不同内控水平的企业将内审业务外包时分别基于怎样的考虑，我们对不同内控水平企业的外包原因进行了统计（表3-7）。结果发现，对于不同内控水平的企业来说，外部服务商具有较高的专业能力依然是企业选择外包的最主要原因。

表 3-7　内控水平与内部审计业务外包的主要原因

外包内审业务 主要原因	内控 水平	样本量	非常 不同意 (%)	较不 同意 (%)	一般 (%)	较为 同意 (%)	非常 同意 (%)	均值	标准差
A. 内审的外部服务商具有较高的专业能力	较高	132	0.76	0.00	6.06	56.06	37.12	4.29	0.65
	较低	121	1.65	1.65	6.61	45.45	44.63	4.3	0.8
B. 公司内部审计人员较少	较高	129	2.33	6.2	22.48	44.96	24.03	3.82	0.95
	较低	119	2.52	7.56	16.81	48.74	24.37	3.85	0.96
C. 内审的外部服务商承担法律责任	较高	119	10.92	12.61	32.77	30.25	13.45	3.23	1.17
	较低	112	9.82	19.64	23.21	26.79	20.54	3.29	1.27
D. 时间安排更有弹性	较高	121	8.26	8.26	37.19	35.54	10.74	3.32	1.05
	较低	105	6.67	12.38	25.71	40.95	14.29	3.44	1.09
E. 降低内部审计的整体成本	较高	122	9.02	18.85	34.43	27.05	10.66	3.11	1.11
	较低	107	8.41	22.43	28.97	27.1	13.08	3.14	1.16
F. 提高内部审计质量	较高	132	1.52	2.27	15.91	50.76	29.55	4.05	0.83
	较低	117	0.85	5.13	11.97	43.59	38.46	4.14	0.88

注：将选项分别赋值，"非常不同意"赋值 1，"较不同意"赋值 2，"一般"赋值 3，"较为同意"赋值 4，"非常同意"赋值 5。

作为对照，我们参考 Abbott 等的研究[①]，对上市公司将内部审计业务内置而非外包的主要原因进行了调查。如图 3-5 所示，在企业将内部审计业务内置的原因中，74.22%（较为同意占 52.23%，非常同意占 21.99%）的企业认为外部人员不了解公司内部情况，69.89%（较为同意占 48.49%，非常同意占 21.40%）的企业认为外包内部审计成本更高。这说明，大部分企业之所以不将内部审计业务进行外包，更可能是因为，它们认为相对于外部人员，公司内部人员更加了解公司的内部情况。并且，不选择外包的另一个不可忽视的因素是，上市公司认为内审外包会增加审计成本。

一般而言，监管部门对国有控股企业的监管更加严格，如 2006 年国务院和国资委印发的《中央企业全面风险管理指引》就专门针对国有控股企业的风险管理作出严格规定。为满足监管要求，国有控股企业可能更倾向于借助比较专业的内部

---

① Abbott L J，Parker S，Peters G F. Corporate Governance，Audit Quality and the Sarbanes-Oxley Act：Evidence from Internal Audit Outsourcing[J]. The Accounting Review，2007(82)：803-835.

审计外包服务商来对企业各项活动进行审计,从而为其风险管控提供进一步保障。非国有控股企业由于各方面管理有待完善与规范,加之经营灵活性高,增加了外包商了解企业的难度进而提高了审计费用。因此,非国有控股企业倾向于将内部审计业务内置。那么在现实中,不同产权性质的企业在选择内置内部审计业务时分别考虑的原因主要有哪些?我们将样本按产权性质进行分组(表3-8),结果发现,对不同产权性质的企业而言,外部人员不了解公司内部情况和外包内部审计成本更高是大部分企业选择内置内审业务最主要的原因。其中,非国有控股企业选择内置的最主要原因是外部人员不了解公司内部情况,而国有控股企业认为外包内部审计成本更高是其选择内置的最主要原因。

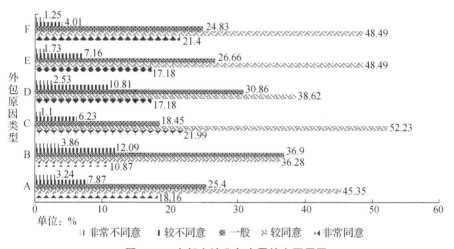

图3-5 内部审计业务内置的主要原因

注:"A"代表"保密,防止重要信息外泄";"B"代表"保持公司文化";"C"代表"外部人员不了解公司内部情况";"D"代表"外部人员对公司缺乏主人翁精神";"E"代表"时间安排更有弹性";"F"代表"外包内部审计成本更高"。

表3-8 产权性质与内部审计业务内置的主要原因

内置内审业务 主要原因	产权性质	样本量	非常 不同意 (%)	较不 同意 (%)	一般 (%)	较为 同意 (%)	非常 同意 (%)	均值	标准差
A. 保密,防止重要信息外泄	国有控股	302	5.63	7.28	24.83	44.37	17.88	3.62	1.04
	非国有控股	871	2.41	8.04	25.6	45.69	18.25	3.69	0.94

续表 3-8

内置内审业务 主要原因	产权性质	样本量	非常 不同意 (%)	较不 同意 (%)	一般 (%)	较为 同意 (%)	非常 同意 (%)	均值	标准差
B. 保持公司 文化	国有控股	293	5.46	12.97	32.08	37.88	11.6	3.37	1.03
	非国有控股	848	3.3	11.79	38.56	35.73	10.61	3.39	0.94
C. 外部人员不了解公司内部情况	国有控股	311	1.93	8.36	16.4	49.52	23.79	3.85	0.94
	非国有控股	876	0.8	5.48	19.18	53.2	21.35	3.89	0.83
D. 外部人员对公司缺乏主人翁精神	国有控股	298	4.36	10.07	23.83	43.29	18.46	3.61	1.04
	非国有控股	849	1.88	11.07	33.33	36.98	16.73	3.56	0.96
E. 时间安排更有弹性	国有控股	299	3.34	8.7	25.42	49.16	13.38	3.61	0.94
	非国有控股	860	1.16	6.63	27.09	48.26	16.86	3.73	0.86
F. 外包内部审计成本更高	国有控股	319	2.51	1.88	19.44	49.84	26.33	3.96	0.87
	非国有控股	877	0.8	4.79	26.8	48	19.61	3.81	0.83

注：将选项分别赋值，"非常不同意"赋值1，"较不同意"赋值2，"一般"赋值3，"较为同意"赋值4，"非常同意"赋值5。

内部控制水平较高的企业，其风险管控意识较强，因此更加关注外包内审业务所带来的公司重要信息泄露风险。并且，内部控制较好的企业在内审部门的设置和相关审计人员配备上往往比较完善，故选择内置内部审计业务可减少与外部的协调和沟通成本，充分利用自身良好的审计资源，提高内部审计效率。而对于内部控制较差的企业，其内部存在问题或风险的可能性较大，这些问题或风险既有可能会导致内部审计外包服务商索要较高的审计费用，也可能被外包商外泄给外部利益相关者，从而不利于企业发展。因此，我们把样本按内控水平高低进行分组，以探究不同内控水平下的企业究竟是出于什么原因将内部审计业务进行内置而不是外包。由表 3-9 的结果可见，不同内控水平的企业将内审业务内置而不外包最主要的原因是他们认为外部人员不了解公司内部情况。

表 3-9 内控水平与内部审计业务内置的主要原因

内置内审业务 主要原因	内控 水平	样本量	非常 不同意 (%)	较不 同意 (%)	一般 (%)	较为 同意 (%)	非常 同意 (%)	均值	标准差
A. 保密，防止重要信息外泄	较高	512	3.52	7.23	26.76	45.9	16.6	3.65	0.96
	较低	616	3.25	7.47	25	44.81	19.48	3.7	0.97

续表 3-9

内置内审业务主要原因	内控水平	样本量	非常不同意（%）	较不同意（%）	一般（%）	较为同意（%）	非常同意（%）	均值	标准差
B. 保持公司文化	较高	494	3.04	11.94	38.46	35.02	11.54	3.4	0.95
	较低	603	4.31	11.94	35.99	37.31	10.45	3.38	0.97
C. 外部人员不了解公司内部情况	较高	516	0.78	7.56	20.16	50.78	20.74	3.83	0.87
	较低	628	1.43	4.78	16.88	53.66	23.25	3.93	0.85
D. 外部人员对公司缺乏主人翁精神	较高	501	2	10.98	31.14	40.32	15.57	3.56	0.95
	较低	604	2.65	10.6	30.79	37.25	18.71	3.59	0.99
E. 时间安排更有弹性	较高	503	1.19	6.16	28.43	49.5	14.71	3.7	0.84
	较低	613	2.12	7.67	25.77	47.47	16.97	3.69	0.91
F. 外包内部审计成本更高	较高	526	0.95	2.85	26.81	48.1	21.29	3.86	0.81
	较低	628	1.59	4.3	23.57	48.25	22.29	3.85	0.87

注：将选项分别赋值，"非常不同意"赋值1，"较不同意"赋值2，"一般"赋值3，"较为同意"赋值4，"非常同意"赋值5。

第四章 内审外包影响因素调查与分析

——基于管理者特征视角

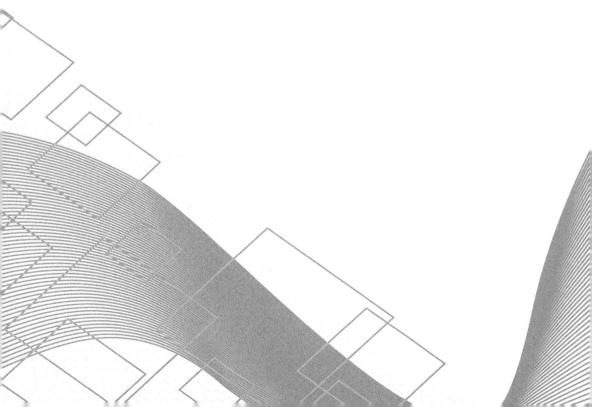

第四章 内审外包影响因素调查与分析

众多内部审计外包相关法规条例的出台，在一定程度上表明目前内部审计外包仍然是内部审计职业界的一种重要现象。基于此背景，探讨哪些因素会使企业选择内部审计外包具有重要的研究意义。事实上，企业是否选择内部审计外包归根结底取决于管理层的决策。那么，管理层的不同特征究竟如何影响内部审计外包决策，目前尚鲜见国内外研究对此进行讨论，仅有学者指出领导重视是决定内部审计发挥作用的最重要原因。鉴于此，本章着重从管理层视角对内部审计外包影响因素的问题展开研究。

第一节 理论分析与研究假设

一、管理者风险偏好

从理论上讲，外包服务提供商依托外部审计力量和资源优势，可以更好地帮助企业达到提高审计质量、控制经营风险和降低潜在损失之目的，这也是目前有关法律法规支持企业选择内部审计外包的重要原因之一。内部审计外包作为企业一项重要的内部审计安排，可在一定程度上缓解内审人员面对管理层时的压力，有助于增强企业内部审计独立性。同时，外包所聘请的审计人员专业胜任能力更强，把内部审计外包的公司存在更低的会计风险。当企业所面临的风险较高时，外部审计师更愿意依赖内部审计外包服务商的工作，而管理者也更趋向于内部审计外包。

现实中的管理者由于性别、教育背景、年龄以及信仰等各方面不同，其行为选择存在一定差异性。高层梯队理论（Upper Echelons Theory）认为，管理团队的认知能力、感知能力和价值观等心理结构决定了企业战略决策过程。由于内部审计外包与否涉及内部审计的成本与效益问题，而管理层的心理特征直接影响其对内部审计成本与效益的主观判断，因此内部审计外包决策可能与管理层特征存在关联。

就风险偏好而言，风险规避的董事长可能更加趋向保守和谨慎行事，任何可能损害企业利益或带来潜在风险的事项都会被其进一步放大，因此对内部审计质量的要求更高。鉴于内部审计外包可能帮助企业提高审计质量、控制潜在风险,而且也被当前有关法律法规支持和建议,风险规避的董事长更倾向于选择外部审计机构,充分利用其所具备的专业技术和丰富的审计经验,以满足企业复杂的审计工作要求,从而可以为企业高质量的审计结果提供保证,在较大程度上规避企业潜在的风险损失。基于此,本节提出假设1:

假设1:董事长越偏好风险规避,越倾向于选择内部审计外包。

二、总经理风险偏好

总经理受聘于董事会,是公司业务执行的最高负责人。一般而言,总经理主要负责公司的经营活动,并不参与内部审计工作。因为一旦总经理参与公司的内部审计工作,将可能出现内部审计缺乏独立性的问题,从而影响内部审计质量,并对公司的利益造成潜在损失。因此,公司的董事会一般要求经营活动与内部审计工作相分离,旨在避免总经理过多涉入公司的内部审计活动。对于内审负责人而言,其负责的内部审计工作一般直接对董事会或其下设的审计委员会负责,总经理难以干涉内部审计工作的开展。因此,总经理的主观风险偏好可能不会影响公司的内部审计外包决策。基于此,本节提出假设2:

假设2:总经理的风险偏好与内部审计外包决策之间无显著关联。

三、内审负责人组织认同度

内部审计负责人作为企业内部审计工作的执行者,其组织认同感对企业内部审计职能的发挥具有至关重要的作用。组织认同是指组织成员在行为与观念诸多方面与其所加入的组织具有一致性,认为自己在组织中既有理性的契约和责任感,也有非理性的归属和依赖感,以及在这种心理基础上表现出的对组织活动尽心尽力的行为结果。内部审计负责人的组织认同可能从两方面影响企业内部审计外包决策。一方面,内审负责人的组织认同度越高,越倾向于把企业的利益得失当作自己的利益得失。由于外包提供商在审计方面具有较高的专业胜任能力,组织认同感较强的内审负责人为了尽量最小化企业风险损失,可能更倾向于选择内部审计外包,以充分发挥企业内部审计职能。

另一方面,组织认同作为一种主观的心理感受,不同于企业的硬性规章制度或合同规定,它自觉提高了内审负责人的道德修养与自我约束力,避免了其为隐藏企业内部机会主义行为而把内部审计内置的情况。因此,组织认同度高的内审负责人会从企业的根本利益出发,为了使企业获得质量更高的内部审计服务,提高内审独立性,避免内部审计内置所滋生的内部舞弊,更倾向于依托外部审计团队来帮助企业执行内部审计。基于此,本节提出假设3:

假设3:内部审计负责人的组织认同度越高,越倾向于选择内部审计外包。

四、内审负责人年龄

一般而言,个人的风险厌恶程度随着年龄增加而逐渐增大。年轻的管理者行事风格更为激进大胆,从而愿意承担较多风险,相比之下,年长的管理者可能比较沉稳保守。因此,对于年长的内审负责人而言,其对风险的厌恶程度要高于年轻的内审负责人。鉴于将内部审计外包时,企业风险可能更低,较为保守和风险厌恶的内审负责人为了规避日益复杂的企业风险,更可能选择内部审计外包。基于此,本节提出假设4:

假设4:内审负责人年龄越大,越倾向于选择内部审计外包。

一、变量选取和数据来源

目前,我们已同证监会、上交所、深交所、上市公司协会等合作,通过问卷调查初步获得了我国全部A股上市公司的内部审计外包及管理者个人特征信息(包括风险偏好、组织认同、年龄)的数据,这为本书实证检验管理者特征与内部审计外包决策之间的关系提供了有利条件。

关于此次问卷调查,我们在证监会等部门的合作支持下综合采用了问卷调查、座谈会、实地调研等多种形式。如前文所述,首先,在 2014 年 7 月和 8 月举行上市公司座谈会,结合初步讨论结果,设计了调查问卷初稿;其次,通过小规模试调查并分析调查结果,发现问卷设计存在缺陷并进行了修改,从而保证问卷的适用性;再次,与证监会、国内外专家学者等举行座谈会,修改调查问卷,形成最终稿,并在 2014 年 9 月通过上交所、深交所向我国当时已上市的 2 536 家 A 股上市公司发放调查问卷,最终回收问卷 2 154 家,总体回收率为 84.94%;最后,通过对随机抽取的上市公司实地调研进行数据复核,确认问卷数据与实际情况无实质性差异,从而为问卷数据的整体可信度提供较有力的保障。此外,针对本书以下调查问题中所涉及的 Likert 量表,我们借助 SPSS(统计产品与服务解决方案)统计分析软件进行了信度和效度检验,发现 Cronbach's $\alpha=0.911$,超过 0.7 的可接受水平,表明该调查问题设计的信度较高;KMO 值等于 0.881,超过了 0.5 的最低要求,同时 Bartlett 球形度检验的近似 χ^2 值为 6 286.725,对应的 P 值等于 0.000,因此问卷设计的效度较好。

首先,关于企业是否将内部审计外包(Oc),我们参考国际顶级期刊有关研究,具体问题设计如下:贵公司是否将内部审计业务部分或全部外包给其他机构?设置以下选项:A. 部分或全部外包;B. 不外包。

其次,关于董事长风险偏好($Chair\_risk$)和总经理风险偏好(Ceo_risk),本书借鉴我国商业银行在客户购买理财产品时向其发放的问卷,分别对董事长和总经理进行了调查。具体问题为:以下哪项最能说明您的投资行为? 设置以下选项:A. 除存款、国债外,我几乎不投资其他金融产品;B. 大部分投资于存款、国债等,较少投资于股票、基金等风险产品;C. 资产均衡分布于存款、国债、银行理财产品、信托产品、股票、基金等;D. 大部分投资于股票、基金、外汇等高风险产品,较少投资于存款、国债。

再次,关于内部审计负责人的组织认同度(Ia_Oi),我们对公司的内审负责人进行了问卷调查。具体问题为:请根据您所在公司和您个人的实际情况,回答下列问题。①当有人批评我的公司时,我感觉就像在批评自己一样;②我很想知道其他人是怎么看待我的公司的;③我经常用"我们……"来描述我的公司的情况,而不是用"他们……";④我认为,我的公司的成功就是我的成功;⑤当有人赞扬我的公司时,我感觉这也是对我个人的赞扬;⑥假如我的公司因某事被媒体批评,我会感觉很尴尬。每个问题的答案有5个选项,即完全不符合、部分符合、一般、符合和完全符合。对于上述每个问题,当内审负责人选择"完全不符合"时赋值为1;选择"部分符合"时赋值为2;选择"一般"时赋值为3;选择"符合"时赋值为4;选择"完全符合"时赋值为5。

最后,关于内审负责人的年龄(Ia_age),我们对公司的内审负责人进行了问卷调查。具体问题为:请问您的年龄? 设置以下选项:A. 30岁及以下;B. 31~40岁;C. 41~50岁;D. 51岁及以上。根据以上问卷设计的内容,我们获得了内审负责人的年龄分布区间。

此外,考虑到内部审计外包决策还可能受到其他潜在因素的影响,本书选取了公司规模($Size$)、负债水平(Lev)、主营业务收入增长率($Growth$)、净资产收益率(Roe)、是否出现亏损($Loss$)作为控制变量,同时控制了行业固定效应($Industry\ FE$)。具体变量定义请参见表4-1。

表4-1 变量定义表

类型	名称	符号	变量说明
因变量	是否外包	Oc	若公司在2014年将内部审计业务进行外包,则取值为1;否则,取0
测试变量	内审负责人组织认同	Ia_Oi	对上述组织认同有关问题的回复数值进行平均,得出内审负责人的组织认同度
	内审负责人年龄	Ia_age	当内审负责人处于"30岁及以下"时赋值为0;处于"31~40岁"时赋值为1;处于"41~50岁"时赋值为2;处于"51岁以上"时赋值为3
	董事长风险偏好	$Chair\_risk$	当董事长对上述有关风险偏好问题选择A时赋值为1;选择B或C时赋值为2;选择D时赋值为3
	总经理风险偏好	Ceo_risk	衡量方法与$Chair\_risk$一致
控制变量	公司规模	$Size$	公司总资产的自然对数
	负债水平	Lev	负债总额与公司总资产的比值
	主营业务收入增长率	$Growth$	前后两期主营业务收入变化量除以上一期主营业务收入
	净资产收益率	Roe	公司净利润与净资产的比值
	是否亏损	$Loss$	若公司本年度出现亏损,则取1;否则取0

二、模型设定

根据上述变量设计,本书构建如下 Logit 回归模型考察管理者特征与企业内部审计外包决策之间的关系:

$$Oc=b_0+b_1Chair\_risk+b_2Ceo\_risk+b_3Ia\_Oi+b_4Ia\_age+\sum h_iControls_i+\xi$$

由于我们在 2014 年对全部 A 股上市公司进行了问卷调查,因此本书的研究对象为 2014 年 A 股非金融类上市公司。其他相关财务数据均来自国泰安 CSMAR 数据库。为消除极端值的影响,本书对使用到的所有连续变量按上下 1% 进行 Winsorize 处理。

第三节 实证分析及结果

一、描述性统计

表 4-2 报告了变量的描述性统计结果。可以看出,有近 19% 的上市公司选择将内部审计外包,相对于 2007 年我国上市公司中仅有 8.68% 选择了内部审计外包,目前这一比例已有较大幅度增加。董事长风险偏好($Chair\_risk$)及总经理风险偏好(Ceo_risk)的平均值分别为 1.900 和 1.932,说明平均而言企业董事长和总经理的风险偏好是趋于中位数的,样本分布比较均匀。内部审计负责人的组织认同度(Ia_Oi)平均值为 4.195,中位数为 4,说明大多数内审负责人对企业具有较高的认同度。内审负责人的年龄(Ia_age)中位数等于 2,说明有相当部分的内审负责人年龄在 40 岁以上。

表 4-2 变量的描述性统计结果

变量	均值	中位数	最小值	最大值	标准差
Oc	0.190	0	0	1	0.392
$Chair\_risk$	1.900	2	1	3	0.496
Ceo_risk	1.932	2	1	3	0.497
Ia_Oi	4.195	4	1	5	0.606
Ia_age	1.710	2	0	3	0.790
$Size$	22.010	21.844	18.796	25.351	1.254
Lev	0.442	0.430	0.112	0.827	0.211
$Growth$	0.111	0.0746	-0.647	1.778	0.321
Roe	0.060	0.064	-0.947	0.584	0.150
$Loss$	0.106	0	0	1	0.308

二、相关性分析

表 4-3 报告了变量间的相关系数矩阵。从该表可以看出,内部审计外包(Oc)与董事长风险偏好($Chair\_risk$)在5%显著性水平上负相关,表明董事长越偏好风险规避,企业越可能选择内部审计外包。内部审计外包(Oc)与内审负责人组织认同度(Ia_Oi)在1%显著性水平上正相关,表明内审负责人组织认同度越高,企业越可能选择内部审计外包。内部审计外包(Oc)与内审负责人的年龄(Ia_age)在1%显著性水平上正相关,表明内审负责人年龄越大,企业越有可能选择内部审计外包。内部审计外包(Oc)与总经理风险偏好(Ceo_risk)没有显著相关,这可能是因为公司的内部审计业务一般由董事会下设的审计委员会管理或由董事会直接管理,总经理难以干预公司的内部审计工作。

表 4-3 各变量间相关性分析

变量	Oc	$Chair\_risk$	Ia_Oi	Ia_age	Ceo_risk	$Size$	Lev	$Growth$	Roe
$Chair\_risk$	-0.07**								
Ia_Oi	0.08***	-0.04							
Ia_age	0.09***	-0.05	0.00						
Ceo_risk	-0.02	0.45***	0.01	-0.05*					
$Size$	0.14***	-0.06**	0.03	0.17***	-0.04*				

续表 4-3

变量	Oc	Chair_risk	Ia_Oi	Ia_age	Ceo_risk	Size	Lev	Growth	Roe
Lev	0.09***	-0.01	-0.01	0.10***	-0.03	0.49***			
Growth	-0.04	0.04	-0.04	-0.06**	0.00	0.02	-0.01		
Roe	-0.05**	-0.03	-0.01	0.01	0.04*	0.12***	-0.17***	0.20***	
Loss	0.05*	0.03	0.02	0.03	-0.04	-0.09***	0.22***	-0.20***	-0.56***

注：***、**和*分别表示在1%、5%和10%统计显著。

三、主要回归结果

表 4-4 报告了假设 1 至假设 4 的实证检验结果。从第(1)列可见,董事长风险偏好程度(Chair_risk)回归系数在 5% 水平上显著为负,说明董事长的风险规避程度越高,企业越可能选择内部审计外包,这一结果与本书假设 1 一致;从第(2)列可见,总经理的风险偏好程度(Ceo_risk)的回归系数不显著,说明企业的内部审计外包决策与总经理风险偏好无关,这一结果与假设 2 一致;从第(3)列可见,内审负责人组织认同度(Ia_Oi)的回归系数在 1% 水平上显著为正,说明内审负责人组织认同度越高,企业越有可能进行内部审计外包,支持假设 3;从第(4)列可见,内审负责人年龄(Ia_age)的回归系数在 5% 的水平上显著为正,说明内审负责人年龄越大,企业越有可能选择内部审计外包,这一结果与假设 4 一致,表明年龄的增长导致内审负责人更加保守和风险厌恶,从而更倾向于外包内部审计业务。此外,本书在第(5)列对管理层的上述特征同时回归,发现除内审负责人年龄变量的显著性水平略有下降外,其他结果并未发生实质性变化。

表 4-4 管理者特征与内部审计外包的回归结果

变量	(1)	(2)	(3)	(4)	(5)
Chair_risk	-0.309** (-2.007)				-0.350** (-1.999)
Ceo_risk		-0.110 (-0.769)			0.141 (0.783)
Ia_Oi			0.346*** (2.916)		0.368*** (2.680)
Ia_age				0.226** (2.517)	0.173 (1.642)

续表 4-4

变量	(1)	(2)	(3)	(4)	(5)
$Size$	0.275***	0.310***	0.299***	0.262***	0.247***
	(3.528)	(4.250)	(4.196)	(3.714)	(3.048)
Lev	−0.287	0.039	0.001	0.014	−0.103
	(−0.598)	(0.087)	(0.003)	(0.033)	(−0.208)
$Growth$	−0.002	−0.140	−0.119	−0.122	0.053
	(−0.007)	(−0.555)	(−0.480)	(−0.493)	(0.192)
Roe	−0.594	−0.532	−0.649	−0.606	−0.558
	(−0.885)	(−0.917)	(−1.123)	(−1.065)	(−0.814)
$Loss$	0.013	0.123	0.130	0.127	−0.007
	(0.042)	(0.432)	(0.467)	(0.458)	(−0.021)
$Constant$	−5.646***	−6.906***	−8.333***	−6.482***	−7.194***
	(−3.323)	(−4.402)	(−5.264)	(−4.364)	(−3.865)
$Industry\ FE$	yes	yes	yes	yes	yes
$Observations$	1 090	1 395	1 443	1 453	1 036
$Pseudo\ R^2$	0.038	0.041	0.046	0.042	0.051

注：***、**和*分别表示在1%、5%和10%统计显著，括号内为z值。由于存在管理者对其中部分问题未回复的情况，故针对不同管理者特征变量，参与回归的样本可能不一致。

四、进一步探讨

表4-5报告了产权性质分组检验结果。我们发现，董事长风险偏好的回归系数在非国有企业样本中显著为负，而在国有企业样本中并不显著。这可能是因为国有企业的董事长一般由政府部门直接任命，且存在所有者缺位，相比于企业经济利益，董事长可能更关心自身官位晋升。因此，风险规避不太可能导致董事长基于企业利益的考虑而选择内审外包。对于非国有企业而言，董事长代表公司股东利益，从而与公司的经济利益直接相关。为了使公司减少潜在的风险损失，提高企业经济效益，风险规避的董事长更有动机选择内审外包。本书发现内审负责人组织认同度的回归系数在非国有企业样本中显著为正，而在国有企业样本中不显著。这可能是因为国有企业的日常经营往往伴随着较强的政府干预，且董事长或总经理一般由政府部门直接任命，甚至其本身可能就是政府官员。这些人员出于自身政治业绩或经济利益的目标，在国有企业所有者缺位、代理问题较为严重的环境下，有动机也更容易控制内部审计负责人的审计活动。内审负责人处于企业管理

层的较低端,极有可能选择屈从,这就导致其对企业的认同感不能发挥作用。

表 4-5 管理者特征与内部审计外包的回归结果(国有企业 VS. 非国有企业)

变量	国有企业	非国有企业
$Chair\_risk$	−0.142 (−0.537)	−0.428* (−1.659)
Ceo_risk	0.018 (0.070)	0.445 (1.625)
Ia_Oi	0.026 (0.129)	0.826*** (3.881)
Ia_age	0.237 (1.405)	−0.028 (−0.184)
$Controls$	yes	yes
$Industry\ FE$	yes	yes
$Observations$	380	656
$Pseudo\ R^2$	0.063	0.092

注:***、**和*分别表示在1%、5%和10%统计显著,括号内为 z 值。由于存在管理者对其中部分问题未回复的情况,故针对不同管理者特征变量,参与回归的样本可能不一致。

表4-6报告了董事长重视程度分组检验结果。关于企业对内部审计工作的重视情况,我们对董事长进行了调查问卷。具体问题是:您如何看待内部审计部门在公司管理中的地位？A. 完全不重要；B. 较不重要；C. 一般；D. 较重要；E. 非常重要。若董事长选择"非常重要",则认为公司对内部审计的重视程度高；否则,认为公司对内部审计的重视程度低。根据表4-6我们可以发现,对内部审计重视程度高的企业,董事长风险偏好与内部审计外包决策在5%的水平上负相关,而在重视程度低的企业不显著。同时,在对内部审计重视程度高的企业,内审负责人的组织认同度与内部审计外包决策在1%水平上显著为正,而在重视程度低的企业并不显著。该结果表明,企业对内部审计的重视程度影响着管理层对内部审计的认识。如果企业本身不重视内部审计工作,即便董事长偏向风险规避或者内审负责人具有较高的组织认同感,也不太可能考虑进行内部审计外包。

表 4-6 管理者特征与内部审计外包的回归结果（重视程度高 VS. 重视程度低）

变量	重视程度高	重视程度低
$Chair\_risk$	−0.629** (−2.377)	−0.061 (−0.250)
Ceo_risk	0.135 (0.496)	0.163 (0.653)
Ia_Oi	0.732*** (3.400)	0.117 (0.610)
Ia_age	0.157 (1.015)	0.199 (1.338)
$Controls$	yes	yes
$Industry\ FE$	yes	yes
$Observations$	527	505
$Pseudo\ R^2$	0.101	0.047

注：***、**和*分别表示在1％、5％和10％统计显著，括号内为z值。由于存在管理者对其中部分问题未回复的情况，故针对不同管理者特征变量，参与回归的样本可能不一致。

表 4-7 报告了内控水平分组检验结果。关于公司内控水平的高低，本书首先根据深圳市迪博企业风险管理技术有限公司建立的内部控制评价指数，构建内部控制哑变量。若内部控制评价指数大于其中位数，则认为内部控制水平较高，取 $Dum\_ic1=1$；否则，取 $Dum\_ic1=0$。另外，为了全面反映公司的内部控制情况，尽量降低内部控制水平分组的偏差，本书还构建了内部控制水平哑变量 Dum_ic2。构建方法如下：第一，以内部控制评价指数库为基础，将内部控制评价指数小于或等于其中位数的企业归为内部控制缺陷组；第二，根据内部控制审计缺陷数据库和上市公司审计意见，对上市公司披露的内部控制审计报告意见和上市公司审计报告意见中收到非标准审计意见或披露内部控制审计缺陷的企业定义为内部控制缺陷组；第三，根据上市公司财务重述数据库，发生财务报表重述的企业归为内部控制缺陷组；第四，根据内部控制评价缺陷库，把发生财务造假、违规或虚假陈述等现象的上市公司归为内部控制缺陷组。当公司属于上述任一内部控制缺陷组，则认为内控水平较低，取 $Dum\_ic2=0$；否则，取 $Dum\_ic2=1$。

由表 4-7 可以看出，在内部控制水平低的样本组，董事长风险偏好的回归系数在1％水平上显著为负，而在内部控制水平高的样本组并不显著。这可能是由于企业的内控水平较高时，企业本身存在的风险较小，从而董事长风险偏好与内部审计外包决策没有直接联系;而当企业的内控水平较低时,企业经营风险较大,风险规避的董事长更有动机支持内部审计外包以降低各种风险。另外,我们发现,在内部控制水平高的样本组,内审负责人的组织认同度和年龄与内审外包决策显著正相关;而对于内部控制水平低的样本组,这两个变量回归系数均不显著。这可能是由于企业的内控水平越高,管理层之间更加相互制衡和监督,从而在一定程度上避免了高层管理者权力过大、一手遮天的局面。在这种环境下,内部审计负责人的组织认同感和年龄更容易发挥作用,因此企业越可能选择内部审计外包。相比之下,在内部控制水平低的企业,不仅管理层之间的代理冲突比较严重,而且管理层的相互制衡与约束机制较弱,内部审计负责人处于企业管理层的较低端,容易受到从事机会主义行为的上级管理层的阻碍,因此其组织认同感和年龄难以发挥作用,从而与内部审计外包无明显关系。

表 4-7 管理者特征与内部审计外包的回归结果(内控水平高 VS. 内控水平低)

变量	内控水平高 ($Dum\_ic1=1$)	内控水平低 ($Dum\_ic1=0$)	内控水平高 ($Dum\_ic2=1$)	内控水平低 ($Dum\_ic2=0$)
$Chair\_risk$	0.280 (1.030)	−0.831*** (−3.410)	0.244 (0.842)	−0.714*** (−3.087)
Ceo_risk	−0.067 (−0.240)	0.133 (0.537)	−0.083 (−0.279)	0.141 (0.592)
Ia_Oi	0.540*** (2.580)	0.311 (1.556)	0.577** (2.531)	0.304 (1.635)
Ia_age	0.391** (2.501)	0.054 (0.349)	0.311* (1.824)	0.191 (1.332)
$Controls$	yes	yes	yes	yes
$Industry\ FE$	yes	yes	yes	yes
$Observations$	522	498	456	564
$Pseudo\ R^2$	0.080	0.085	0.068	0.091

注:***、**和*分别表示在1%、5%和10%统计显著,括号内为z值。由于部分公司的内部控制评价有关数据缺失,故内控较高组和内控较低组的样本之和小于1 036。

五、稳健性检验

在实证分析中,我们对董事长与总经理的个人风险偏好进行了考察,发现董事长的风险规避程度越高,企业越可能选择内部审计外包;而总经理的风险偏好与企业的内部审计外包决策无关。但需要注意的是,如果存在董事长和总经理两职合一的情况,则会增加衡量二者风险偏好的变量 $Chair\_risk$ 与 Ceo_risk 之间相关性,从而可能导致无法得出显著的结果,影响所得结论。为此,我们剔除了董事长和总经理两职合一的样本,经重新回归发现(限于篇幅,结果未予列示),本书的研究结论并未发生实质性改变。

第四节 结论性评述

本章以 2014 年 A 股非金融类上市公司为研究样本,检验了管理层特征与内部审计外包决策之间的关系。研究发现:董事长风险规避越强,企业越有可能选择内部审计外包;由于内部审计工作一般直接由董事会下设的审计委员会或董事会直接管理,总经理难以接触日常审计工作,故总经理风险偏好与内部审计外包没有显著关系;同时,内部审计负责人的组织认同度越高,企业越有可能选择内部审计外包,但其年龄与内部审计外包决策相关性较弱。进一步研究发现,董事长风险规避与内审负责人的组织认同对内审外包决策的上述影响主要存在于非国有企业和比较重视内部审计的企业中;当企业内控较差时董事长偏向风险规避更能发挥上述作用,而当内控较好时内审负责人年龄和组织认同才能对内审外包决策发挥明显效果。

本章的研究具有如下启示意义:第一,学术界与实务界人士在考察企业的内部审计外包决策时,除从传统公司治理角度分析问题外,也应该对管理者个人特征(如风险偏好、组织认同等)予以足够重视,从而更加全面地理解企业内部审计安排;第二,考察管理者特征与企业内部审计安排时,不仅要关注董事长、总经理等高层管理者,亦有必要把视角扩展到内部审计职能执行层。

由于客观条件限制,本章的拓展存在一定局限性。比如,为了节省管理者时间,并未针对更多的管理者个人特征进行调查,导致获取的这部分数据不够充分,而且,管理者的主观心理特征比一般人口统计学数据更难获取,这限制了我们对此话题更加丰富地探讨。

第五章 内审外包发展方略

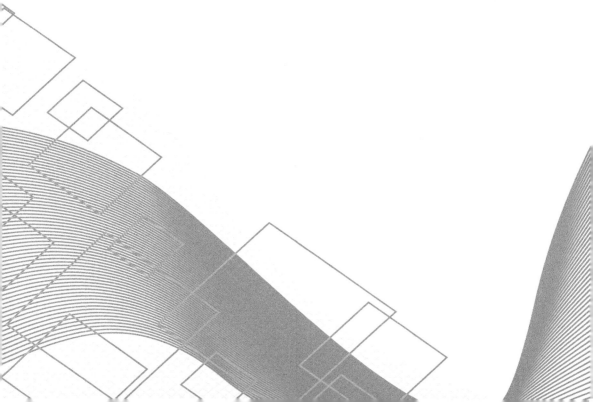

第五章　内审外包发展方略

随着我国企业对内部审计的日益重视,如何构建高效完善的内部审计体系,开展好内部审计工作,切实保证内部审计在组织中发挥应有的作用,是实务界和学术界越来越需关注并解决的问题。而内部审计外包的出现恰好为企业开展内部审计工作提供了一种新的选择和思路。基于对2014年我国A股上市公司的大样本实践调查分析,对于如何推动我国内部审计外包的发展,从而更好地促进企业内部审计发挥作用,帮助企业实现组织目标和价值增值,本书就内部审计外包的未来发展趋势进行探析并提出一些发展方略。

第一节　我国内部审计外包未来发展趋势

我国目前与内部审计相关的法律法规大多是针对制度建设,强调企业应设立并健全内部审计机构,但是对于内部审计的主体与形式并没有作出限制。2008年财政部等颁布的《企业内部控制基本规范》(财会〔2008〕7号)规定,执行该规范的企业可聘请具有证券、期货业务资格的、非为企业内部控制提供咨询的会计师事务所对内部控制的有效性进行审计。2012年《企业内部控制规范体系实施中相关问题解释第2号》规定,企业在开展内部控制评价工作时,可以授权内部审计机构具体实施,也可以委托中介机构实施。这就从政策层面支持企业将内部控制审计外包给会计师事务所。

据统计数据显示,在2007年我国实施内部控制审计外包的A股上市公司有9.84%选择补充式外包,36.06%选择咨询式外包,19.67%选择合作内审,34.43%选择全外包[①](图5-1)。

中国工商银行内部审计局课题组在2010年对"我国上市公司内部审计部门如何开展内部控制审计"进行了问卷调查,据统计数据显示(图5-2),在已对内部控制进行审计工作的上市公司中,由内部审计机构依靠自己独立完成的占比27.54%,以内部审计机构为主、企业内部其他机构为辅合作完成的占比30.43%,由内审机构与外部具有资格的审计人员合作完成的占比33.33%,完全委托给会计师事务所来执行的占比8.7%。

---

① 刘斌,石恒贵.上市公司内部审计外包决策的影响因素研究[J].审计研究,2008(4):66-73.

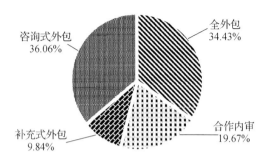

图 5-1 2007 年我国 A 股上市公司内部控制审计外包形式

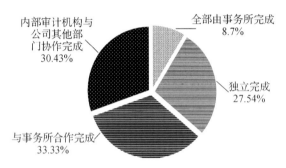

图 5-2 2010 年我国上市公司内部控制审计主体选择情况

注：数据来自中国工商银行内部审计局课题组 2010 年对上市公司内部控制审计的问卷调查报告。

但在 2016 年 1 月，中国银监会起草了《商业银行内部审计指引（征求意见稿）》，并于 4 月份通过并向相关金融机构印发了该指引，目的在于对商业银行的审计外包业务加以规范。这说明国家在允许内部审计外包的同时也在考虑如何对其加以约束和规范。

在国外，内部审计外包自 20 世纪 80 年代末出现后就得到了快速发展，于 90 年代普及成为许多企业的选择。但在 2002 年 SOX 法案对内部审计外包作出限制后，许多企业开始放弃之前完全外包的模式，开始收回部分外包的内部审计业务，纷纷采用部分外包或合作外包的内部审计模式，使外包呈现出一种回归内置的趋势。那么我国企业目前的内部审计外包发展情况究竟如何？基于对 2014 年全部 A 股上市公司的调查分析，我国企业未来内部审计外包可能呈现如下发展趋势。

一、未来总体趋势分析

内部审计外包会成为越来越多企业的选择，但并不会迅速普及。由 2007 年至

2014年,内部审计外包企业比例呈增长态势,但是增长速度较为缓慢,如图5-3所示。其原因在于:

第一,大部分企业选择内部审计外包主要是因为外部服务商具有较高的专业能力,他们试图通过外包提高内部审计质量。究其根本应该是企业自身的内部审计尚存在一定问题或比较薄弱,故通过寻求外部机构来完善内部审计。但是从企业不选择内部审计外包的原因来看,企业对外包存在多方面的顾虑,比如,认为外部人员对企业不够了解、外包会增加审计成本等。

第二,相对于国外,我国内部审计外包起步较晚,目前的内部审计服务市场还处于初步发展阶段,市场定价和服务质量参差不齐。这些因素导致企业很难衡量外包产生的交易成本的准确数值,也很难判断其内部审计成果的有效性。但是随着内部审计外包的逐步发展,会计师事务所开展的内部审计外包业务标准化程度也会不断得到提高,这些不确定性因素发生的概率与可能造成的损失均逐步降低,因此选择外包的企业也会逐步增多。

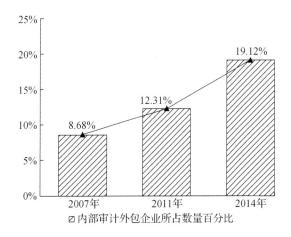

图5-3 我国上市公司内部审计外包企业所占比例

注:2007年数据来自刘斌和石恒贵,2011年数据来自胡涛,2014年数据来自本书调查结果。

二、未来选择外包形式趋势分析

我国内部审计外包在未来可能以合作内审模式为主。内部审计外包只是内部审计的一种选择,是为了加强企业内部审计,优化审计资源配置,使企业能更好实现组织目标,但是它并不能取代企业的内部审计部门。企业自身内部审计机构的设立和建设必不可少。完全外包可能会存在外部人员对公司了解不够以及泄露商业机密等问题。随着我国内部审计的发展,企业内部审计建设越来越完善,内部审计能力会不断提高,因此不必把审计业务完全外包给服务商。从我国的现实情况看,合作内部审计在近年发展迅速,上升趋势明显。在过去,内部审计人员主要由财经类专业人员组成,但是随着我国企业经营管理的需要,审计领域不断拓宽,对审计人才的跨领域要求也越来越高。国内许多工程审计、IT(信息技术)审计,甚至部分经济责任审计都需要委托外部专家合作完成审计工作[①]。因此,合作内部审计模式具有较大的发展空间,在未来很可能会作为一种较理想的内审资源配置形式被我国企业所采用。

三、未来选择外包企业类型分析

国有控股企业、内部控制水平较低的企业以及所处法制环境较差的企业在未来应该会更倾向选择内部审计外包服务。如图5-4所示:

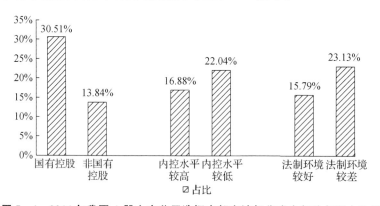

图5-4 2014年我国A股上市公司选择内部审计部分或全部外包所占比例

国有控股企业对内部审计规范的要求可能更高,而且资金也更充足,因此为确保内部审计质量,更愿意寻求外部专业机构辅助。而内部控制水平较低和所处法制环境较差的企业,由于自身存在的问题和缺陷较多,抑或是难以应对外界较差的

---

① 黄乔语,时现.国际内部审计现状与发展启示——基于IIA"2010全球内部审计调查"实证数据的视角[J].中国内部审计,2014(12):34-40.

法制环境,更需要借助外部审计资源来强化内部审计,以确保实现企业价值增值的目标。

 **我国内部审计外包发展方略**

对我国而言,内部审计外包还是比较新兴的事物,特别是在实践应用方面尚处于探索阶段,究竟是否应大力推广内部审计外包在我国的应用,以及如何推动内部审计外包的应用尚不能一概而论,也不可盲目生搬硬套国外发展经验,避免发生"一刀切"或"大跃进"的现象[①]。鉴于此,结合本书实践调查以及基于调查的发展趋势分析,文章提出以下几点发展方略,希望能为我国内部审计外包的发展提供一些参考和借鉴。

一、强化企业内部审计职能,完善企业内部审计体系

从本书的调查结果来看,我国企业选择内部审计外包的动因中,提高内部审计质量这一因素举足轻重,这说明提高内部审计的有效性是企业目前迫切需要解决的问题。外包虽然为企业开展内部审计工作提供了其他选择,但是企业不能因此忽视自身内部审计的建设与完善。企业应强化内部审计职能,利用外包机会多向外包承接方学习,完善企业内部审计体系。

首先,企业应当设立并重视内部审计机构,切实发挥内部审计在组织中的作用,不要使内部审计流于形式。尤其应当重视内部审计的咨询职能,让内部审计成为改善经营管理和提高核心竞争力的有利工具。

其次,加强对企业内部审计人员专业知识与能力的培训。因为,外部审计人员有效进行内部审计工作的前提条件之一就是内部审计人员的有效配合,而这也需要具备专业知识与能力。因此,我国企业不能因为内部审计外包就只想着依靠外

---

① 王全录.内部审计外部化能否有效在我国中小企业推广——与迟柏龙、刘静二位同仁商榷[J].审计研究,2010(4):101-103.

聘审计人员,而忽视了对内部审计人员的培训。外聘专业审计人员拥有比较先进的审计技术和工作技巧,而且在长期的审计过程中,在企业内部控制及经营管理等方面积累了丰富的经验,企业在外包内部审计时,建议与外部审计师联合对本企业相关员工进行内部审计知识培训。这对我国企业内部审计工作的长期有效开展与企业内部审计的长远发展有着十分重要的意义。

除此之外,内部审计也充当着企业人才培养平台的角色,因为内部审计是一个非常具有挑战性的工作,它要求审计人员不仅应具备全面的专业知识和技能,还需要具备沟通、协作等软实力。因此,在外包过程中,企业应当多向外部专业人员学习,吸取有用的经验教训,提高内部审计人员的专业胜任能力,为企业今后的发展储备人才。

二、因需制宜地选择内部审计外包业务

出于对企业商业机密安全性,以及外部审计人员对组织内部了解程度与主人翁精神可能欠缺的考虑,企业不能盲目地将内部审计外包,应依据自身特征及需求确定外包业务。对于涉及企业核心或管理层面的内部审计业务不宜外包,而对于非核心或辅助性的职能,企业可以选择外包。

按照交易成本理论,资产的专有性是决定交易费用水平高低的最基本因素,因此,在企业决定是否实施内部审计外部化时,必须对资产的专有性进行考察。虽然随着会计师事务所业务的拓展和内部审计经验的丰富,内部审计在执行方面存在越来越多的共性,内部审计资产的专有性有所降低,内部审计工作可以由外部会计师事务所代为执行。但是,在内部审计业务执行过程中,资产专有性降低并不是普遍现象,不适用于所有的内部审计业务,涉及企业专项业务、核心资源等内容的内部审计工作仍具有较强的资产专有性,不适宜采取外包的形式。这就需要企业在实施内部审计外包时,仔细区分与判断不同内部审计业务的资产专有性程度,不可一股脑地全部外包。

根据本书的调查结果,对于产权性质不同、内部控制水平不同和所处法制环境不同的企业,其内审的各项业务所需要耗费的时间和精力也有所不同,比如,对于国有控股企业来说,领导干部经济责任审计就比较适合外包,因为经济责任审计的主要对象是企业领导,内部审计人员很可能出于自身利益和处境考虑,为了不得罪

领导而使审计变得缺乏独立性,使监督作用大打折扣。这时,如果采用以外部人员为主、内部人员为辅的合作审计模式,就能在一定程度上提高审计评价的客观性。对于内部控制水平不高的企业,财务舞弊的概率更大、会计信息质量更低、各项业务活动存在的风险更多,在这种情况下,内部审计对内部控制作出评价时所需要付出的时间和耗费的精力就大大增加,这将导致企业的成本增加,不利于企业资源的优化配置。因此,其内部控制评价就可以交由外部机构的专业人员来完成,以集中自身资源着力于核心业务的提升,促进企业战略目标的达成。

三、强化外包商专业能力,提高外包服务质量

相对于欧美市场,审计外包服务在我国方兴未艾。目前我国内部审计服务市场主要由会计师事务所和其他机构所占领。随着审计外包市场规模不断扩大,中国内部审计外包业务将呈现出创新趋势,这对我国会计师事务所及其他能够提供审计服务的机构来说都是一个巨大的挑战。而人力是事业发展最重要的资本,审计人员胜任能力和素质的高低直接关系到内部审计效率与效果[①]。本书的调查结果显示,企业选择将内部审计外包最主要的原因就是外部审计人员具备的专业能力更高,他们希望可以通过专业化的审计服务来提高自身的内部审计质量。这就对外包服务商的专业能力和服务质量提出了很高的要求。

因此,外包商可以针对内部审计业务设立专门部门,培养相关的专项人才,以提高外包的服务水平与质量,使内部审计服务成为标准化产品,满足企业内部审计需求。其次,外包商也应根据市场需求,提供多元化和差异化的服务,针对不同产权、不同规模、不同行业的企业或同一企业不同发展时期提供不同的外包服务项目,并在服务过程中注意积累总结其经验特点,逐步形成具有针对性的专业化产品。此外,外包服务商也应建立严格的风险控制制度,就内审服务的业务承接、人员配置、业务开展、责任限制、报酬等方面进行明确规定,从而降低外包商的风险,及时为客户提供高质量的内审服务。

四、加强监管与指导,加快制定相关政策和规范

据本书调查结果显示,我国上市公司选择内部审计外包的比例与以往相比已

---

① 王兵,刘力云,鲍国明.内部审计未来展望[J].审计研究,2013(5):106-112.

大大增加,这说明内部审计外包在我国的市场需求越来越大。并且,在已开展内审外包的企业中,有50%的企业已进行内部审计外包长达4年,最长的企业已外包20年,这说明内部审计外包服务在我国已存在了一定的时间。因此,出台与之相关的政策及法律法规很有必要,国家应牵头在现有的内部审计相关法律法规的基础上建立关于内部审计外包的基本规范,从制度层面对内部审计外包行为进行规范和约束,拟订有关我国内部审计外包的职业道德规范和实施参考文件,为外包商的内部审计服务提供相关指引和咨询。

首先,笔者认为,对内部审计外包的限制性条款应加以明确。即企业是否可以进行内部审计外包,哪些内审业务允许外包,在外包商选择上是否有约束性条件,参照国外经验与我国银行保险监督管理委员会发布的有关内部审计外包的相关管理规定,建议我国企业可以有选择地将不涉及核心业务的部分内部审计业务进行外包。对于外包商的选择,出于审计独立性考虑,应规定企业不能将内部审计业务外包给为其提供财务报表审计的外部机构。

其次,建议对企业和提供外包业务的服务商之间的权利和义务进行明确与规范,降低内部审计外包的隐患与法律风险。特别是,由于内部审计业务涉及面较广,在外部组织内审过程中可能会涉及企业内部的重要和机密信息,因此对内部审计外包过程中可能涉及的企业相关商业机密和重要信息泄露风险出台法律法规进行控制十分必要。

再次,建议规范我国企业内部审计负责机构的设置。目前我国大多数企业内部审计机构属于财务部门的下设机构或受负责财务的副总经理领导,只有少数上市公司的内部审计机构隶属于董事会或审计委员会。这将难以明确谁负责内部审计外包的工作、谁聘任外部审计机构、谁规定其工作范围、外部审计师的内审成果向谁汇报、该报告有效性谁来评判与负责。这些问题将不利于内部审计的客观性和独立性,也不利于企业开展内部审计外包业务。《国际内部审计标准》规定"内部审计的独立性,即内部审计人员(机构)需独立于他们所需要审计的活动,以不受约束,客观地开展工作"。可见,独立性是内部审计的主要特点之一,是其工作得以顺利进行的根本保障。因此建议相关部门及机构出台政策以规范我国大中型企业及上市公司的内部审计工作的管理机构,比如审计委员会,以确保内部审计客观独立,真实有效。

此外,建议相关部门及机构强制规定上市公司对企业的内部审计外包行为进行披露,如在内部控制评价报告中进行说明与披露,使信息使用者了解相关情况,保护投资者的合法权益。

最后,笔者建议我国相关部门及机构在出台相关政策时,可以由点及面,先选取某一行业或者某一类企业试行,然后根据试行的实际情况作出相应的政策调整,再做普及与推广。

五、做好内部审计外包的全程控制与评估

由本书调查结果可知,无论是产权性质不同的企业还是内部控制水平或所处法制环境不同的企业,不选择外包的最主要原因均是认为外聘的审计人员对公司了解程度不够,其次是认为外包的审计费用与内置相比可能更高。

企业在内部审计外包前应对外包的成本、收益和风险作出全面的评估。第一是拟定不同的内部审计方案,比如:部分外包、全部外包、合作式外包、内置等,在计算出这些方案可能产生的交易成本并进行比较后再选择,以尽可能多地降低交易费用,达到经济效益最大化。第二是对外包可能产生的收益与成本进行衡量和对比,虽然有时候外包可能比内置产生更高的交易费用,但是同时也可能会带来更大的收益,比如得到更高的内部审计质量。第三是企业应对外包可能带来的风险因素作出识别与评估。比如在内部审计外包合同执行过程中,企业的商业机密和重要信息泄露的潜在风险等等。因此,在进行是否外包的决策时,要综合各方面因素进行评估,并依据评估结果作出最利于企业发展的理性选择。

其次,如果企业决定将内部审计外部化,那么在外包实施过程中,第一是完善内部审计外包合同,降低企业的风险,这对保证内部审计外包工作的顺利开展和提高审计效果也具有重要的作用。比如,在拟定合同时,应将双方的职责及权利义务列入合同,明确说明审计工作的范围、内部审计过程中企业提供相关资料的义务、外部审计人员的执业标准,明确规定外部人员对工作过程中接触到的商业机密具有保密义务等;同时还应尽可能地列示出执业过程中双方可能存在的争议以及对争议的解决办法,尽量避免合同中存在模棱两可的条款,以免给企业带来不必要的风险。第二是企业内部审计部门应充分与外包商进行沟通协调,保证有内部审计人员全程参与,一方面帮助外部人员了解企业内部情况,另一方面也起到一定的监督作用。此外,在审计过程中,企业应随时对审计的成果进行审核及反馈,以便于

跟踪审计进度，也保证审计结果最大限度地达到企业所预期的效果和要求。第三是要建立严格的风险控制制度，对外部审计师就内审服务的业务交接、人员配置、业务开展、责任范围、保密义务等方面进行明确规定，从而降低企业外包的风险。

除此之外，在外包服务结束后，企业应对外包进行评价，对外部审计人员提交的审计报告进行分析，以便了解审计人员的工作完成程度，如果内部审计对提高企业的经营管理和竞争力有帮助则说明审计有效，反之则无效。最好是形成可以量化的评价标准，对内部审计外包情况和质量进行评分，以便总结外包过程中存在和发现的问题，及时调整内部审计决策；同时也利于比较不同外包商的服务质量，使企业能够更加便捷地挑选出优质外包商进行长期稳定的合作，提高内部审计业务的连续性。在外包业务结束后，企业仍应对可能存在的风险作出评估与防范，比如可以根据审计工作底稿判断审计人员参与的工作部分是否涉及商业机密或企业重要信息，若涉及，则企业应采取措施及时预防该核心机密的泄露。

第六章　研究结论

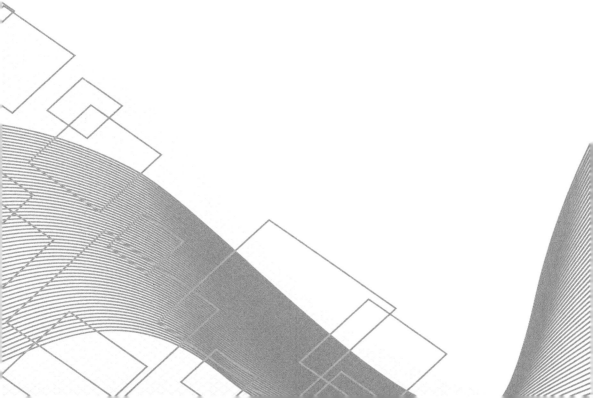

第六章 研究结论

近年来内部审计外包受到国内外监管机构的高度关注,学术界和实务界关于内审外包的争议也从未停歇。为了解我国内部审计外包发展现状及其动因,分析其未来发展趋势,在证监会的合作支持下,我们对我国A股上市公司进行了大样本问卷调查,研究发现:

(1) 从总体来看,在接受调查的企业中有19.12%选择将内部审计部分或全部外包,虽然这一比例不高,但相比2007年的8.68%来看,上市公司选择内部审计外包的比例在我国已有较大幅度增长,说明越来越多的企业开始接受内部审计外包。同时,在已选择外包企业中,有半数企业实施内部审计外包已超过4年,最长可达20年,说明一部分企业已长期持续进行内部审计外包。国有控股企业、内部控制水平较低的企业和所处法制环境较差的企业选择将内部审计外包的比例更高。因此,内部审计外包在我国有一定的市场需求。

(2) 有46.55%的企业把内审业务外包给目前为公司提供审计服务的会计师事务所,有34.18%的企业选择其他会计师事务所来提供外包服务,其余19.27%的企业则选择其他机构为其提供内审外包服务。由此可见,企业在外包商的选择上更加青睐目前为企业提供审计服务的会计师事务所,但其他会计师事务所在内审外包服务提供商中也同样扮演着重要角色,这可能是因为部分企业对后者比较信赖,且这些事务所对企业的具体情况更加了解。国有控股企业在内部审计外包的供应商选择上更加青睐其他会计师事务所,而非国有控股企业则更倾向于选择目前为自己提供审计服务的会计师事务所。

(3) 企业愿意将内部审计进行外包的最主要原因是外部服务商较高的专业能力,而不愿意将内部审计进行外包的最主要原因是外部人员对企业内部情况不太了解。这说明,外包服务商在为企业提供内部审计服务时优劣势并存,因此,企业在决定是否选择外包时,应该对审计质量和审计成本进行权衡。

(4) 董事长风险规避越强,企业越有可能选择内部审计外包;由于内部审计工作一般直接由董事会下设的审计委员会或董事会直接管理,总经理难以接触日常审计工作,故总经理风险偏好与内部审计外包没有显著关系;同时,内部审计负责人的组织认同度越高,企业越有可能选择内部审计外包,但其年龄与内部审计外包决策相关性较弱。进一步研究发现,董事长风险规避与内审负责人的组织认同对内审外包决策的上述影响主要存在于非国有控股和比较重视内部审计的企业中;当企业内控较差时董事长风险规避更能发挥上述作用,而当内控较好时内审负责人年龄和组织认同才能对内审外包决策发挥明显效果。

基于以上研究发现,本书提出了对我国内部审计外包未来发展方略的一些看法,主要包括:第一,企业应强化自身内部审计,因需制宜选择内部审计外包内容,做好全程控制与评估;第二,外包商应注重专业人才培养,提高对内部审计业务的服务质量与水平;第三,对于内审外包的研究除从传统公司治理角度分析问题外,也应该对管理者个人特征(如风险偏好、组织认同等)予以足够重视,从而更加全面地理解企业内部审计安排;第四,国家应加强对内部审计外包的监管与指导,尽快建立、健全相应的规范与约束机制,为我国企业内部审计外包提供指引,从而促进企业内部审计质量的提高,帮助其实现价值增值。

相对于以往内部审计相关研究,本书通过大样本实践调查,分析我国上市公司目前的内部审计外包现状和动因,有助于从外包视角拓展现有关于中国企业内部审计实践调查的文献,丰富代理理论、交易成本理论及核心竞争理论的应用领域,深化其在内部审计外包上的指导意义。由于本书调查涉及内部审计外包需求情况、外包业务内容、外包与否的原因、外包提供商选择等多个方面,研究在时效性、丰富性、普适性上有助于反映我国企业内部审计外包的具体实践状况,为实务界和监管部门在规范和发展内审外包业务方面提供经验支持,为相关部门评估和优化审计资源配置效率提供决策参考。

附 录

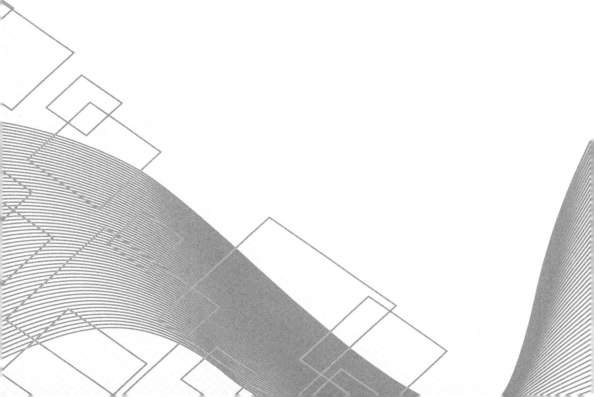

 调查问卷

说明:该部分调查数据的描述性统计为原始数据的统计结果,其中包括了未审计外包企业填写外包服务商、外包服务时间、外包原因以及审计外包企业填写未外包审计服务的原因等不合理情况。因此,正文部分已对原始数据进行了适当的数据处理,以便调查结果分析能够客观反映当前我国上市公司内部审计外包的现实情况。此外,由于部分公司的内部控制评价指数数据缺失,因此每部分关于内部控制水平的分组统计样本总数会小于该部分的总样本数量。

1. 贵公司是否将内部审计业务部分或全部外包给其他机构?(　　)

A. 部分或全部外包　　　　　　B. 不外包

(1) 全样本:

回收样本量	均值	中位数	最大值	最小值	标准差
1 564	0.191	0	1	0	0.393

注:0=不外包,1=部分或全部外包

(2) 按产权性质分组:

产权性质	回收样本量	均值	中位数	最大值	最小值	标准差
国有控股	495	0.305	0	1	0	0.461
非国有控股	1 069	0.138	0	1	0	0.346

注:0=不外包,1=部分或全部外包

(3) 按内控水平高低分组(若迪博内部控制指数大于其中位数,则认为内控水平高;否则,认为内控水平低):

变量	回收样本量	均值	中位数	最大值	最小值	标准差
内控水平高	794	0.169	0	1	0	0.375
内控水平低	717	0.220	0	1	0	0.415

注:0=不外包,1=部分或全部外包

(4)按市场中介组织发育和法律制度环境指数分组(若公司所在地区的该指数大于其中位数,则认为市场中介组织发育和法律制度环境较好;否则,认为市场中介组织发育和法律制度环境较差):

变量	回收样本量	均值	中位数	最大值	最小值	标准差
市场中介组织发育和法律制度环境较好	855	0.158	0	1	0	0.365
市场中介组织发育和法律制度环境较差	709	0.231	0	1	0	0.422

注:0=不外包,1=部分或全部外包

2. 贵公司内部审计外包服务的提供商是以下哪类公司?(　　)

A. 目前为公司提供审计服务的会计师事务所

B. 其他会计师事务所

C. 其他

(1)全样本:

选项	回收样本量	占回收样本比例
A	251	0.307
B	139	0.170
C	428	0.523

(2)按产权性质分组:

选项		回收样本量	占回收样本比例
A	国有控股	81	0.099
	非国有控股	170	0.208
B	国有控股	94	0.115
	非国有控股	45	0.055
C	国有控股	118	0.144
	非国有控股	310	0.379

(3)按内控水平高低分组(若迪博内部控制指数大于其中位数,则认为内控水平高;否则,认为内控水平低):

附 录

选项		回收样本量	占回收样本比例
A	内控水平高	119	0.149
A	内控水平低	124	0.156
B	内控水平高	65	0.082
B	内控水平低	72	0.090
C	内控水平高	221	0.278
C	内控水平低	195	0.245

(4) 按市场中介组织发育和法律制度环境指数分组(若公司所在地区的该指数大于其中位数,则认为市场中介组织发育和法律制度环境较好;否则,认为市场中介组织发育和法律制度环境较差):

选项		回收样本量	占回收样本比例
A	市场中介组织发育和法律制度环境较好	132	0.161
A	市场中介组织发育和法律制度环境较差	119	0.145
B	市场中介组织发育和法律制度环境较好	59	0.072
B	市场中介组织发育和法律制度环境较差	80	0.098
C	市场中介组织发育和法律制度环境较好	225	0.275
C	市场中介组织发育和法律制度环境较差	203	0.248

3. 如果贵公司已将全部或部分内部审计业务外包,这种安排已存在了多长时间? _____ 年。

(1) 全样本:

回收样本量	均值	中位数	最大值	最小值	标准差
294	4.611	4	20	0.167	3.667

(2) 按产权性质分组:

产权性质	回收样本量	均值	中位数	最大值	最小值	标准差
国有控股	152	4.790	3	20	0.500	3.836
非国有控股	142	4.420	4	20	0.167	3.481

(3) 按内控水平高低分组(若迪博内部控制指数大于其中位数,则认为内控水平高;否则,认为内控水平低):

变量	回收样本量	均值	中位数	最大值	最小值	标准差
内控水平高	136	4.821	4	20	0.167	3.582
内控水平低	151	4.424	3	20	0.500	3.808

（4）按市场中介组织发育和法律制度环境指数分组（若公司所在地区的该指数大于其中位数，则认为市场中介组织发育和法律制度环境较好；否则，认为市场中介组织发育和法律制度环境较差）：

变量	回收样本量	均值	中位数	最大值	最小值	标准差
市场中介组织发育和法律制度环境较好	137	4.486	3	20	0.500	3.543
市场中介组织发育和法律制度环境较差	157	4.721	4	20	0.167	3.781

4. 贵公司目前将下列哪些内部审计业务外包？外包服务商提供每项审计业务所需的时间是多少小时/年？如无外包，请填写"0"。

被外包的内部审计业务	外包服务商提供服务所需的时间
①内部控制评价	
②领导干部经济责任审计	
③绩效审计	
④专项审计	
⑤管理提升	
⑥其他(请填写_____)	

（1）全样本：

被外包的内部审计业务	回收样本量	均值	中位数	最大值	最小值	标准差
①内部控制评价	1 242	70.02	0	8 760	0	454.7
②领导干部经济责任审计	1 241	36.08	0	8 760	0	384.0
③绩效审计	1 236	12.92	0	8 760	0	310.0
④专项审计	1 233	54.49	0	8 760	0	463.4
⑤管理提升	1 234	37.82	0	25 920	0	769.7
⑥其他	689	96.28	0	8 760	0	744.7

(2) 按产权性质分组:

被外包的内部审计业务		回收样本量	均值	中位数	最大值	最小值	标准差
①内部控制评价	国有控股	382	89.85	0	6 204	0	442.8
	非国有控股	860	61.21	0	8 760	0	459.9
②领导干部经济责任审计	国有控股	384	81.59	0	6 480	0	508.0
	非国有控股	857	15.68	0	8 760	0	311.0
③绩效审计	国有控股	379	18.55	0	6 480	0	333.4
	非国有控股	857	10.43	0	8 760	0	299.3
④专项审计	国有控股	376	43.01	0	4 320	0	293.4
	非国有控股	857	59.52	0	8 760	0	520.9
⑤管理提升	国有控股	380	30.17	0	4 320	0	295.0
	非国有控股	854	41.23	0	25 920	0	904.2
⑥其他	国有控股	187	211.2	0	8 760	0	1 141
	非国有控股	502	53.47	0	8 760	0	521.0

(3) 按内控水平高低分组(若迪博内部控制指数大于其中位数,则认为内控水平高;否则,认为内控水平低):

被外包的内部审计业务		回收样本量	均值	中位数	最大值	最小值	标准差
①内部控制评价	内控水平高	637	58.25	0	6 480	0	361.6
	内控水平低	563	87.21	0	8 760	0	554.3
②领导干部经济责任审计	内控水平高	642	15.54	0	2 400	0	133.3
	内控水平低	558	59.61	0	8 760	0	550.1
③绩效审计	内控水平高	642	0.302	0	120	0	5.520
	内控水平低	553	28.54	0	87 60	0	463.2
④专项审计	内控水平高	636	50.72	0	8 760	0	450.6
	内控水平低	555	60.69	0	8 760	0	492.1
⑤管理提升	内控水平高	644	11.30	0	4 320	0	188.1
	内控水平低	548	70.98	0	25 920	0	1 136
⑥其他	内控水平高	363	63.96	0	8 760	0	589.0
	内控水平低	300	141.9	0	8 760	0	922.6

(4) 按市场中介组织发育和法律制度环境指数分组(若公司所在地区的该指数大于其中位数,则认为市场中介组织发育和法律制度环境较好;否则,认为市场

中介组织发育和法律制度环境较差）：

被外包的内部审计业务		回收样本量	均值	中位数	最大值	最小值	标准差
①内部控制评价	市场中介组织发育和法律制度环境较好	692	61.96	0	6 480	0	432.0
	市场中介组织发育和法律制度环境较差	550	80.17	0	8 760	0	482.0
②领导干部经济责任审计	市场中介组织发育和法律制度环境较好	695	46.84	0	8 760	0	496.1
	市场中介组织发育和法律制度环境较差	546	22.38	0	2 160	0	147.4
③绩效审计	市场中介组织发育和法律制度环境较好	692	22.72	0	8 760	0	414.1
	市场中介组织发育和法律制度环境较差	544	0.463	0	100	0	5.926
④专项审计	市场中介组织发育和法律制度环境较好	688	54.80	0	8 760	0	467.2
	市场中介组织发育和法律制度环境较差	545	54.09	0	8 760	0	459.0
⑤管理提升	市场中介组织发育和法律制度环境较好	689	51.12	0	25 920	0	1 014
	市场中介组织发育和法律制度环境较差	545	21.01	0	3 240	0	204.0
⑥其他	市场中介组织发育和法律制度环境较好	385	18.96	0	4 320	0	229.3
	市场中介组织发育和法律制度环境较差	304	194.2	0	8 760	0	1 084

5. 如果贵公司将内部审计业务外包，请填写题1.5.1；如果贵公司没有将内部审计业务外包，请填写题1.5.2。

1.5.1　贵公司将内部审计业务外包的主要原因是什么？请在相应的空格画"√"。

理由	非常不同意	较不同意	一般	较同意	非常同意
A. 内审的外部服务商具有较高的专业能力					
B. 公司内部审计人员较少					
C. 内审的外部服务商承担法律责任					
D. 时间安排更有弹性					
E. 降低内部审计的整体成本					
F. 提高内部审计质量					

(1) 全样本：

将内部审计业务外包的主要原因	样本量	非常不同意（%）	较不同意（%）	一般（%）	较为同意（%）	非常同意（%）	均值	标准差
A. 内审的外部服务商具有较高的专业能力	319	1.57	2.19	8.46	50.47	37.3	4.2	0.81
B. 公司内部审计人员较少	313	2.88	8.31	23.32	44.09	21.41	3.73	0.98
C. 内审的外部服务商承担法律责任	290	9.31	16.21	28.62	30.69	15.17	3.26	1.18
D. 时间安排更有弹性	285	7.02	11.23	32.63	38.6	10.53	3.34	1.04
E. 降低内部审计的整体成本	288	8.33	21.53	32.64	27.43	10.07	3.09	1.11
F. 提高内部审计质量	311	1.61	4.82	15.11	48.55	29.9	4	0.89

注：将选项赋值，"非常不同意"赋值1，"较不同意"赋值2，"一般"赋值3，"较为同意"赋值4，"非常同意"赋值5。

(2) 按产权性质分组：

将内部审计业务外包的主要原因	产权性质	样本量	非常不同意（%）	较不同意（%）	一般（%）	较为同意（%）	非常同意（%）	均值	标准差
A. 内审的外部服务商具有较高的专业能力	国有控股	158	1.27	2.53	8.23	54.43	33.54	4.16	0.78
	非国有控股	161	1.86	1.86	8.7	46.58	40.99	4.23	0.83
B. 公司内部审计人员较少	国有控股	160	1.25	3.75	20.63	46.88	27.5	3.96	0.86
	非国有控股	153	4.58	13.07	26.14	41.18	15.03	3.49	1.05
C. 内审的外部服务商承担法律责任	国有控股	143	11.19	16.08	28.67	30.07	13.99	3.2	1.2
	非国有控股	147	7.48	16.33	28.57	31.29	16.33	3.33	1.15
D. 时间安排更有弹性	国有控股	136	8.09	10.29	36.76	36.03	8.82	3.27	1.04
	非国有控股	149	6.04	12.08	28.86	40.94	12.08	3.41	1.05
E. 降低内部审计的整体成本	国有控股	139	10.79	20.86	33.81	26.62	7.91	3	1.11
	非国有控股	149	6.04	22.15	31.54	28.19	12.08	3.18	1.1
F. 提高内部审计质量	国有控股	152	0.66	7.24	15.13	50	26.97	3.95	0.88
	非国有控股	159	2.52	2.52	15.09	47.17	32.7	4.05	0.9

注：将选项赋值，"非常不同意"赋值1，"较不同意"赋值2，"一般"赋值3，"较为同意"赋值4，"非常同意"赋值5。

(3) 按内控水平高低分组（若迪博内部控制指数大于其中位数，则认为内控水平高；否则，认为内控水平低）：

将内部审计业务外包的主要原因	控制权性质	样本量	非常不同意（%）	较不同意（%）	一般（%）	较为同意（%）	非常同意（%）	均值	标准差
A. 内审的外部服务商具有较高的专业能力	内控水平高	160	1.25	1.25	8.13	54.37	35	4.21	0.74
	内控水平低	154	1.95	3.25	9.09	46.1	39.61	4.18	0.87
B. 公司内部审计人员较少	内控水平高	157	2.55	6.37	26.11	42.68	22.29	3.76	0.96
	内控水平低	151	3.31	10.6	20.53	45.03	20.53	3.69	1.02
C. 内审的外部服务商承担法律责任	内控水平高	145	9.66	12.41	33.79	31.72	12.41	3.25	1.13
	内控水平低	142	9.15	19.01	23.94	29.58	18.31	3.29	1.23
D. 时间安排更有弹性	内控水平高	147	7.48	10.2	36.73	36.05	9.52	3.3	1.03
	内控水平低	135	6.67	11.11	28.15	42.22	11.85	3.41	1.05
E. 降低内部审计的整体成本	内控水平高	148	8.11	18.92	35.81	27.7	9.46	3.11	1.08
	内控水平低	137	8.76	23.36	29.2	27.74	10.95	3.09	1.14
F. 提高内部审计质量	内控水平高	158	1.27	3.8	17.09	50	27.85	3.99	0.85
	内控水平低	149	2.01	6.04	13.42	45.64	32.89	4.01	0.94

注：将选项赋值，"非常不同意"赋值1，"较不同意"赋值2，"一般"赋值3，"较为同意"赋值4，"非常同意"赋值5。

(4) 按市场中介组织发育和法律制度环境指数分组（若公司所在地区的该指数大于其中位数，则认为市场中介组织发育和法律制度环境较好；否则，认为市场中介组织发育和法律制度环境较差）：

将内部审计业务外包的主要原因	市场中介组织发育和法律制度环境	样本量	非常不同意（%）	较不同意（%）	一般（%）	较为同意（%）	非常同意（%）	均值	标准差
A. 内审的外部服务商具有较高的专业能力	较好	555	3.6	7.39	26.13	45.95	16.94	3.65	0.96
	较差	662	3.17	7.85	25.23	44.41	19.34	3.69	0.97
B. 公司内部审计人员较少	较好	534	3.37	12.73	38.39	34.27	11.24	3.37	0.96
	较差	648	4.48	12.35	35.8	36.73	10.65	3.37	0.98

续表

将内部审计业务外包的主要原因	市场中介组织发育和法律制度环境	样本量	非常不同意(%)	较不同意(%)	一般(%)	较为同意(%)	非常同意(%)	均值	标准差
C. 内审的外部服务商承担法律责任	较好	559	1.07	7.69	20.21	50.09	20.93	3.82	0.89
	较差	672	1.64	4.91	17.11	53.72	22.62	3.91	0.86
D. 时间安排更有弹性	较好	543	2.21	11.05	31.12	39.59	16.02	3.56	0.96
	较差	649	3.08	10.94	30.05	37.9	18.03	3.57	1.01
E. 降低内部审计的整体成本	较好	545	1.1	6.79	28.81	47.71	15.6	3.7	0.85
	较差	656	2.44	8.23	25.91	47.1	16.31	3.67	0.93
F. 提高内部审计质量	较好	569	0.88	3.16	26.89	47.8	21.27	3.85	0.82
	较差	672	1.93	4.32	23.07	48.81	21.88	3.84	0.88

注：将选项赋值，"非常不同意"赋值1，"较不同意"赋值2，"一般"赋值3，"较为同意"赋值4，"非常同意"赋值5。

1.5.2 贵公司没有将内部审计业务外包的主要原因是什么？请在相应的空格画"√"。

理由	非常不同意	较不同意	一般	较同意	非常同意
A. 保密，防止重要信息外泄					
B. 保持公司文化					
C. 外部人员不了解公司内部情况					
D. 外部人员对公司缺乏主人翁精神					
E. 时间安排更有弹性					
F. 外包内部审计成本更高					

（1）全样本：

没有将内部审计业务外包的主要原因	样本量	非常不同意(%)	较不同意(%)	一般(%)	较为同意(%)	非常同意(%)	均值	标准差
A. 保密，防止重要信息外泄	1 265	3.24	8.14	25.3	45.14	18.18	3.67	0.97
B. 保持公司文化	1 229	4.07	12.61	36.78	35.72	10.82	3.37	0.97

续表

没有将内部审计业务外包的主要原因	样本量	非常不同意(%)	较不同意(%)	一般(%)	较为同意(%)	非常同意(%)	均值	标准差
C. 外部人员不了解公司内部情况	1 277	1.33	6.34	18.56	52.08	21.69	3.86	0.87
D. 外部人员对公司缺乏主人翁精神	1 237	2.83	11.08	30.4	38.72	16.98	3.56	0.99
E. 时间安排更有弹性	1 247	1.84	7.7	26.94	47.55	15.96	3.68	0.9
F. 外包内部审计成本更高	1 286	1.4	4.12	24.65	48.68	21.15	3.84	0.85

注：将选项赋值，"非常不同意"赋值1，"较不同意"赋值2，"一般"赋值3，"较为同意"赋值4，"非常同意"赋值5。

(2) 按产权性质分组：

没有将内部审计业务外包的主要原因	控制权性质	样本量	非常不同意(%)	较不同意(%)	一般(%)	较为同意(%)	非常同意(%)	均值	标准差
A. 保密，防止重要信息外泄	国有控股	335	5.67	6.87	26.27	43.58	17.61	3.61	1.04
	非国有控股	930	2.37	8.6	24.95	45.7	18.39	3.69	0.95
B. 保持公司文化	国有控股	322	6.21	13.98	32.61	36.34	10.87	3.32	1.04
	非国有控股	907	3.31	12.13	38.26	35.5	10.8	3.38	0.95
C. 外部人员不了解公司内部情况	国有控股	342	2.34	8.19	17.54	49.12	22.81	3.82	0.95
	非国有控股	935	0.96	5.67	18.93	53.16	21.28	3.88	0.84
D. 外部人员对公司缺乏主人翁精神	国有控股	329	4.56	10.94	24.32	42.25	17.93	3.58	1.05
	非国有控股	908	2.2	11.12	32.6	37.44	16.63	3.55	0.97
E. 时间安排更有弹性	国有控股	329	3.65	9.42	27.36	46.2	13.37	3.56	0.96
	非国有控股	918	1.2	7.08	26.8	48.04	16.88	3.72	0.87
F. 外包内部审计成本更高	国有控股	352	2.56	1.99	20.17	49.15	26.14	3.94	0.88
	非国有控股	934	0.96	4.93	26.34	48.5	19.27	3.8	0.84

注：将选项赋值，"非常不同意"赋值1，"较不同意"赋值2，"一般"赋值3，"较为同意"赋值4，"非常同意"赋值5。

(3) 按内控水平高低分组（若迪博内部控制指数大于其中位数，则认为内控水平高；否则，认为内控水平低）：

没有将内部审计业务外包的主要原因	控制权性质	样本量	非常不同意(%)	较不同意(%)	一般(%)	较为同意(%)	非常同意(%)	均值	标准差
A. 保密，防止重要信息外泄	内控水平高	175	1.71	1.71	5.71	49.14	41.71	4.27	0.79
	内控水平低	144	1.39	2.78	11.81	52.08	31.94	4.1	0.82
B. 保持公司文化	内控水平高	167	2.99	7.78	16.77	44.31	28.14	3.87	1.01
	内控水平低	146	2.74	8.9	30.82	43.84	13.7	3.57	0.93
C. 外部人员不了解公司内部情况	内控水平高	153	9.8	16.34	25.49	29.41	18.95	3.31	1.23
	内控水平低	137	8.76	16.06	32.12	32.12	10.95	3.2	1.11
D. 外部人员对公司缺乏主人翁精神	内控水平高	150	8	11.33	30	36	14.67	3.38	1.12
	内控水平低	135	5.93	11.11	35.56	41.48	5.93	3.3	0.96
E. 时间安排更有弹性	内控水平高	150	7.33	26	28.67	24.67	13.33	3.11	1.15
	内控水平低	138	9.42	16.67	36.96	30.43	6.52	3.08	1.05
F. 外包内部审计成本更高	内控水平高	169	1.78	4.73	12.43	47.34	33.73	4.07	0.9
	内控水平低	142	1.41	4.93	18.31	50	25.35	3.93	0.87

注：将选项赋值，"非常不同意"赋值1，"较不同意"赋值2，"一般"赋值3，"较为同意"赋值4，"非常同意"赋值5。

(4) 按市场中介组织发育和法律制度环境指数分组（若公司所在地区的该指数大于其中位数，则认为市场中介组织发育和法律制度环境较好；否则，认为市场中介组织发育和法律制度环境较差）：

没有将内部审计业务外包的主要原因	市场中介组织发育和法律制度环境	样本量	非常不同意(%)	较不同意(%)	一般(%)	较为同意(%)	非常同意(%)	均值	标准差
A. 保密，防止重要信息外泄	较好	538	3.16	7.81	25.46	44.05	19.52	3.69	0.98
	较差	727	3.3	8.39	25.17	45.94	17.19	3.65	0.97
B. 保持公司文化	较好	520	4.62	14.42	35	34.81	11.15	3.33	1.01
	较差	709	3.67	11.28	38.08	36.39	10.58	3.39	0.95
C. 外部人员不了解公司内部情况	较好	556	1.26	7.37	18.53	50.72	22.12	3.85	0.89
	较差	721	1.39	5.55	18.59	53.12	21.36	3.88	0.86

续表

没有将内部审计业务外包的主要原因	市场中介组织发育和法律制度环境	样本量	非常不同意（%）	较不同意（%）	一般（%）	较为同意（%）	非常同意（%）	均值	标准差
D. 外部人员对公司缺乏主人翁精神	较好	528	3.6	11.55	29.55	37.69	17.61	3.54	1.02
	较差	709	2.26	10.72	31.03	39.49	16.5	3.57	0.96
E. 时间安排更有弹性	较好	529	1.32	9.45	27.41	45.94	15.88	3.66	0.9
	较差	718	2.23	6.41	26.6	48.75	16.02	3.7	0.89
F. 外包内部审计成本更高	较好	553	1.63	4.34	23.87	48.1	22.06	3.85	0.87
	较差	733	1.23	3.96	25.24	49.11	20.46	3.84	0.84

注：将选项赋值，"非常不同意"赋值1，"较不同意"赋值2，"一般"赋值3，"较为同意"赋值4，"非常同意"赋值5。

附录二 中国内部审计准则（节选）

第1101号——内部审计基本准则

第一章 总则

第一条 为了规范内部审计工作，保证内部审计质量，明确内部审计机构和内部审计人员的责任，根据《审计法》及其实施条例，以及其他有关法律、法规和规章，制定本准则。

第二条 本准则所称内部审计，是一种独立、客观的确认和咨询活动，它通过运用系统、规范的方法，审查和评价组织的业务活动、内部控制和风险管理的适当性和有效性，以促进组织完善治理、增加价值和实现目标。

第三条 本准则适用于各类组织的内部审计机构、内部审计人员及其从事的内部审计活动。其他组织或者人员接受委托、聘用、承办或者参与内部审计业务，也应当遵守本准则。

第二章 一般准则

第四条 组织应当设置与其目标、性质、规模、治理结构等相适应的内部审计机构,并配备具有相应资格的内部审计人员。

第五条 内部审计的目标、职责和权限等内容应当在组织的内部审计章程中明确规定。

第六条 内部审计机构和内部审计人员应当保持独立性和客观性,不得负责被审计单位的业务活动、内部控制和风险管理的决策与执行。

第七条 内部审计人员应当遵守职业道德,在实施内部审计业务时保持应有的职业谨慎。

第八条 内部审计人员应当具备相应的专业胜任能力,并通过后续教育加以保持和提高。

第九条 内部审计人员应当履行保密义务,对于实施内部审计业务中所获取的信息保密。

第三章 作业准则

第十条 内部审计机构和内部审计人员应当全面关注组织风险,以风险为基础组织实施内部审计业务。

第十一条 内部审计人员应当充分运用重要性原则,考虑差异或者缺陷的性质、数量等因素,合理确定重要性水平。

第十二条 内部审计机构应当根据组织的风险状况、管理需要及审计资源的配置情况,编制年度审计计划。

第十三条 内部审计人员根据年度审计计划确定的审计项目,编制项目审计方案。

第十四条 内部审计机构应当在实施审计三日前,向被审计单位或者被审计人员送达审计通知书,做好审计准备工作。

第十五条 内部审计人员应当深入了解被审计单位的情况,审查和评价业务活动、内部控制和风险管理的适当性和有效性,关注信息系统对业务活动、内部控制和风险管理的影响。

第十六条 内部审计人员应当关注被审计单位业务活动、内部控制和风险管理中的舞弊风险,对舞弊行为进行检查和报告。

第十七条　内部审计人员可以运用审核、观察、监盘、访谈、调查、函证、计算和分析程序等方法,获取相关、可靠和充分的审计证据,以支持审计结论、意见和建议。

第十八条　内部审计人员应当在审计工作底稿中记录审计程序的执行过程,获取的审计证据,以及作出的审计结论。

第十九条　内部审计人员应当以适当方式提供咨询服务,改善组织的业务活动、内部控制和风险管理。

第四章　报告准则

第二十条　内部审计机构应当在实施必要的审计程序后,及时出具审计报告。

第二十一条　审计报告应当客观、完整、清晰,具有建设性并体现重要性原则。

第二十二条　审计报告应当包括审计概况、审计依据、审计发现、审计结论、审计意见和审计建议。

第二十三条　审计报告应当包含是否遵循内部审计准则的声明。如存在未遵循内部审计准则的情形,应当在审计报告中作出解释和说明。

第五章　内部管理准则

第二十四条　内部审计机构应当接受组织董事会或者最高管理层的领导和监督,并保持与董事会或者最高管理层及时、高效的沟通。

第二十五条　内部审计机构应当建立合理、有效的组织结构,多层级组织的内部审计机构可以实行集中管理或者分级管理。

第二十六条　内部审计机构应当根据内部审计准则及相关规定,结合本组织的实际情况制定内部审计工作手册,指导内部审计人员的工作。

第二十七条　内部审计机构应当对内部审计质量实施有效控制,建立指导、监督、分级复核和内部审计质量评估制度,并接受内部审计质量外部评估。

第二十八条　内部审计机构应当编制中长期审计规划、年度审计计划、本机构人力资源计划和财务预算。

第二十九条　内部审计机构应当建立激励约束机制,对内部审计人员的工作进行考核、评价和奖惩。

第三十条　内部审计机构应当在董事会或者最高管理层的支持和监督下,做好与外部审计的协调工作。

第三十一条　内部审计机构负责人应当对内部审计机构管理的适当性和有效性负主要责任。

第六章　附则

第三十二条　本准则由中国内部审计协会发布并负责解释。

第三十三条　本准则自2014年1月1日起施行。

第2201号内部审计具体准则——内部控制审计

第一章　总则

第一条　为了规范内部审计人员实施内部控制审计的行为，保证内部控制审计质量，根据《内部审计基本准则》，制定本准则。

第二条　本准则所称内部控制审计，是指内部审计机构对组织内部控制设计和运行的有效性进行的审查和评价活动。

第三条　本准则适用于各类组织的内部审计机构、内部审计人员及其从事的内部控制审计活动。其他组织或者人员接受委托、聘用，承办或者参与内部审计业务，也应当遵守本准则。

第二章　一般原则

第四条　董事会及管理层的责任是建立、健全内部控制并使之有效运行。

内部审计的责任是对内部控制设计和运行的有效性进行审查和评价，出具客观、公正的审计报告，促进组织改善内部控制及风险管理。

第五条　内部控制审计应当以风险评估为基础，根据风险发生的可能性和对组织单个或者整体控制目标造成的影响程度，确定审计的范围和重点。

内部审计人员应当关注串通舞弊、滥用职权、环境变化和成本效益等内部控制的局限性。

第六条　内部控制审计应当在对内部控制全面评价的基础上，关注重要业务单位、重大业务事项和高风险领域的内部控制。

第七条　内部控制审计应当真实、客观地揭示经营管理的风险状况，如实反映内部控制设计和运行的情况。

第八条　内部控制审计按其范围划分，分为全面内部控制审计和专项内部控制审计。

全面内部控制审计,是针对组织所有业务活动的内部控制,包括内部环境、风险评估、控制活动、信息与沟通、内部监督五个要素所进行的全面审计。

专项内部控制审计,是针对组织内部控制的某个要素、某项业务活动或者业务活动某些环节的内部控制所进行的审计。

第三章 内部控制审计的内容

第九条 内部审计机构可以参考《企业内部控制基本规范》及配套指引的相关规定,根据组织的实际情况和需要,通过审查内部环境、风险评估、控制活动、信息与沟通、内部监督等要素,对组织层面内部控制的设计与运行情况进行审查和评价。

第十条 内部审计人员开展内部环境要素审计时,应当以《企业内部控制基本规范》和各项应用指引中有关内部环境要素的规定为依据,关注组织架构、发展战略、人力资源、组织文化、社会责任等,结合本组织的内部控制,对内部环境进行审查和评价。

第十一条 内部审计人员开展风险评估要素审计时,应当以《企业内部控制基本规范》有关风险评估的要求,以及各项应用指引中所列主要风险为依据,结合本组织的内部控制,对日常经营管理过程中的风险识别、风险分析、应对策略等进行审查和评价。

第十二条 内部审计人员开展控制活动要素审计时,应当以《企业内部控制基本规范》和各项应用指引中关于控制活动的规定为依据,结合本组织的内部控制,对相关控制活动的设计和运行情况进行审查和评价。

第十三条 内部审计人员开展信息与沟通要素审计时,应当以《企业内部控制基本规范》和各项应用指引中有关内部信息传递、财务报告、信息系统等规定为依据,结合本组织的内部控制,对信息收集处理和传递的及时性、反舞弊机制的健全性、财务报告的真实性、信息系统的安全性,以及利用信息系统实施内部控制的有效性进行审查和评价。

第十四条 内部审计人员开展内部监督要素审计时,应当以《企业内部控制基本规范》有关内部监督的要求,以及各项应用指引中有关日常管控的规定为依据,结合本组织的内部控制,对内部监督机制的有效性进行审查和评价,重点关注监事会、审计委员会、内部审计机构等是否在内部控制设计和运行中有效发挥监督作用。

第十五条　内部审计人员根据管理需求和业务活动的特点,可以针对采购业务、资产管理、销售业务、研究与开发、工程项目、担保业务、业务外包、财务报告、全面预算、合同管理、信息系统等,对业务层面内部控制的设计和运行情况进行审查和评价。

第四章　内部控制审计的具体程序与方法

第十六条　内部控制审计主要包括下列程序:

(一)编制项目审计方案;

(二)组成审计组;

(三)实施现场审查;

(四)认定控制缺陷;

(五)汇总审计结果;

(六)编制审计报告。

第十七条　内部审计人员在实施现场审查之前,可以要求被审计单位提交最近一次的内部控制自我评估报告。

内部审计人员应当结合内部控制自我评估报告,确定审计内容及重点,实施内部控制审计。

第十八条　内部审计机构可以适当吸收组织内部相关机构熟悉情况的业务人员参加内部控制审计。

第十九条　内部审计人员应当综合运用访谈、问卷调查、专题讨论、穿行测试、实地查验、抽样和比较分析等方法,充分收集组织内部控制设计和运行是否有效的证据。

第二十条　内部审计人员编制审计工作底稿应当详细记录实施内部控制审计的内容,包括审查和评价的要素、主要风险点、采取的控制措施、有关证据资料,以及内部控制缺陷认定结果等。

第五章　内部控制缺陷的认定

第二十一条　内部控制缺陷包括设计缺陷和运行缺陷。内部审计人员应当根据内部控制审计结果,结合相关管理层的自我评估,综合分析后提出内部控制缺陷认定意见,按照规定的权限和程序进行审核后予以认定。

第二十二条　内部审计人员应当根据获取的证据,对内部控制缺陷进行初步认定,并按照其性质和影响程度分为重大缺陷、重要缺陷和一般缺陷。

重大缺陷,是指一个或者多个控制缺陷的组合,可能导致组织严重偏离控制目标。重要缺陷,是指一个或者多个控制缺陷的组合,其严重程度和经济后果低于重大缺陷,但仍有可能导致组织偏离控制目标。一般缺陷,是指除重大缺陷、重要缺陷之外的其他缺陷。

重大缺陷、重要缺陷和一般缺陷的认定标准,由内部审计机构根据上述要求,结合本组织具体情况确定。

第二十三条　内部审计人员应当编制内部控制缺陷认定汇总表,对内部控制缺陷及其成因、表现形式和影响程度进行综合分析和全面复核,提出认定意见,并以适当的形式向组织适当管理层报告。重大缺陷应当及时向组织董事会或者最高管理层报告。

第六章　内部控制审计报告

第二十四条　内部控制审计报告的内容,应当包括审计目标、依据、范围、程序与方法、内部控制缺陷认定及整改情况,以及内部控制设计和运行有效性的审计结论、意见、建议等相关内容。

第二十五条　内部审计机构应当向组织适当管理层报告内部控制审计结果。一般情况下,全面内部控制审计报告应当报送组织董事会或者最高管理层。包含有重大缺陷认定的专项内部控制审计报告在报送组织适当管理层的同时,也应当报送董事会或者最高管理层。

第二十六条　经董事会或者最高管理层批准,内部控制审计报告可以作为《企业内部控制评价指引》中要求的内部控制评价报告对外披露。

第七章　附　则

第二十七条　本准则由中国内部审计协会发布并负责解释。

第二十八条　本准则自 2014 年 1 月 1 日起施行。

第 2202 号内部审计具体准则——绩效审计

第一章　总则

第一条　为了规范绩效审计工作,提高绩效审计质量和效率,根据《内部审计基本准则》,制定本准则。

第二条 本准则所称绩效审计,是指内部审计机构和内部审计人员对本组织经营管理活动的经济性、效率性和效果性进行的审查和评价。经济性,是指组织经营管理过程中获得一定数量和质量的产品或者服务及其他成果时所耗费的资源最少;效率性,是指组织经营管理过程中投入资源与产出成果之间的对比关系;效果性,是指组织经营管理目标的实现程度。

第三条 本准则适用于各类组织的内部审计机构、内部审计人员及其从事的绩效审计活动。其他组织或者人员接受委托、聘用,承办或者参与内部审计业务,也应当遵守本准则。

第二章 一般原则

第四条 内部审计机构应当充分考虑实施绩效审计项目对内部审计人员专业胜任能力的需求,合理配置审计资源。

第五条 组织各管理层根据授权承担相应的经营管理责任,对经营管理活动的经济性、效率性和效果性负责。内部审计机构开展绩效审计不能减轻或者替代管理层的责任。

第六条 内部审计机构和内部审计人员根据实际需要选择和确定绩效审计对象,既可以针对组织的全部或者部分经营管理活动,也可以针对特定项目和业务。

第三章 绩效审计的内容

第七条 根据实际情况和需要,绩效审计可以同时对组织经营管理活动的经济性、效率性和效果性进行审查和评价,也可以只侧重某一方面进行审查和评价。

第八条 绩效审计主要审查和评价下列内容:

(一) 有关经营管理活动经济性、效率性和效果性的信息是否真实、可靠;

(二) 相关经营管理活动的人、财、物、信息、技术等资源取得、配置和使用的合法性、合理性、恰当性和节约性;

(三) 经营管理活动既定目标的适当性、相关性、可行性和实现程度,以及未能实现既定目标的情况及其原因;

(四) 研发、财务、采购、生产、销售等主要业务活动的效率;

(五) 计划、决策、指挥、控制及协调等主要管理活动的效率;

(六) 经营管理活动预期的经济效益和社会效益等的实现情况;

(七) 组织为评价、报告和监督特定业务或者项目的经济性、效率性和效果性所建立的内部控制及风险管理体系的健全性及其运行的有效性；

（八）其他有关事项。

第四章 绩效审计的方法

第九条 内部审计机构和内部审计人员应当依据重要性、审计风险和审计成本，选择与审计对象、审计目标及审计评价标准相适应的绩效审计方法，以获取相关、可靠和充分的审计证据。

第十条 选择绩效审计方法时，除运用常规审计方法以外，还可以运用下列方法：

（一）数量分析法，即对经营管理活动相关数据进行计算分析，并运用抽样技术对抽样结果进行评价的方法；

（二）比较分析法，即通过分析、比较数据间的关系、趋势或者比率获取审计证据的方法；

（三）因素分析法，即查找产生影响的因素，并分析各个因素的影响方向和影响程度的方法；

（四）量本利分析法，即分析一定期间内的业务量、成本和利润三者之间变量关系的方法；

（五）专题讨论会，即通过召集组织相关管理人员就经营管理活动特定项目或者业务的具体问题进行讨论的方法；

（六）标杆法，即对经营管理活动状况进行观察和检查，通过与组织内外部相同或者相似经营管理活动的最佳实务进行比较的方法；

（七）调查法，即凭借一定的手段和方式（如访谈、问卷），对某种或者某几种现象、事实进行考察，通过对搜集到的各种资料进行分析处理，进而得出结论的方法；

（八）成本效益（效果）分析法，即通过分析成本和效益（效果）之间的关系，以每单位效益（效果）所消耗的成本来评价项目效益（效果）的方法；

（九）数据包络分析法，即以相对效率概念为基础，以凸分析和线性规划为工具，应用数学规划模型计算比较决策单元之间的相对效率，对评价对象做出评价的方法；

（十）目标成果法，即根据实际产出成果评价被审计单位或者项目的目标是否实现，将产出成果与事先确定的目标和需求进行对比，确定目标实现程度的方法；

（十一）公众评价法，即通过专家评估、公众问卷及抽样调查等方式，获取具有重要参考价值的证据信息，评价目标实现程度的方法。

第五章 绩效审计的评价标准

第十一条 内部审计机构和内部审计人员应当选择适当的绩效审计评价标准。

绩效审计评价标准应当具有可靠性、客观性和可比性。

第十二条 绩效审计评价标准的来源主要包括：

（一）有关法律法规、方针、政策、规章制度等的规定；

（二）国家部门、行业组织公布的行业指标；

（三）组织制定的目标、计划、预算、定额等；

（四）同类指标的历史数据和国际数据；

（五）同行业的实践标准、经验和做法。

第十三条 内部审计机构和内部审计人员在确定绩效审计评价标准时，应当与组织管理层进行沟通，在双方认可的基础上确定绩效审计评价标准。

第六章 绩效审计报告

第十四条 绩效审计报告应当反映绩效审计评价标准的选择、确定及沟通过程等重要信息，包括必要的局限性分析。

第十五条 绩效审计报告中的绩效评价应当根据审计目标和审计证据作出，可以分为总体评价和分项评价。当审计风险较大，难以做出总体评价时，可以只做分项评价。

第十六条 绩效审计报告中反映的合法、合规性问题，除进行相应的审计处理外，还应当侧重从绩效的角度对问题进行定性，描述问题对绩效造成的影响、后果及严重程度。

第十七条 绩效审计报告应当注重从体制、机制、制度上分析问题产生的根源，兼顾短期目标和长期目标、个体利益和组织整体利益，提出切实可行的建议。

第七章 附则

第十八条 本准则由中国内部审计协会发布并负责解释。

第十九条 本准则自 2014 年 1 月 1 日起施行。

第 2203 号内部审计具体准则——信息系统审计

第一章 总则

第一条 为了规范信息系统审计工作,提高审计质量和效率,根据《内部审计基本准则》,制定本准则。

第二条 本准则所称信息系统审计,是指内部审计机构和内部审计人员对组织的信息系统及其相关的信息技术内部控制和流程所进行的审查与评价活动。

第三条 本准则适用于各类组织的内部审计机构、内部审计人员及其从事的信息系统审计活动。其他组织或者人员接受委托、聘用,承办或者参与内部审计业务,也应当遵守本准则。

第二章 一般原则

第四条 信息系统审计的目的是通过实施信息系统审计工作,对组织是否实现信息技术管理目标进行审查和评价,并基于评价意见提出管理建议,协助组织信息技术管理人员有效地履行职责。

组织的信息技术管理目标主要包括:

(一)保证组织的信息技术战略充分反映组织的战略目标;

(二)提高组织所依赖的信息系统的可靠性、稳定性、安全性及数据处理的完整性和准确性;

(三)提高信息系统运行的效果与效率,合理保证信息系统的运行符合法律法规以及相关监管要求。

第五条 组织中信息技术管理人员的责任是进行信息系统的开发、运行和维护,以及与信息技术相关的内部控制的设计、执行和监控;信息系统审计人员的责任是实施信息系统审计工作并出具审计报告。

第六条 从事信息系统审计的内部审计人员应当具备必要的信息技术及信息系统审计专业知识、技能和经验。必要时,实施信息系统审计可以利用外部专家服务。

第七条 信息系统审计可以作为独立的审计项目组织实施,也可以作为综合性内部审计项目的组成部分实施。

当信息系统审计作为综合性内部审计项目的一部分时,信息系统审计人员应当及时与其他相关内部审计人员沟通信息系统审计中的发现,并考虑依据审计结果调整其他相关审计的范围、时间及性质。

第八条 内部审计人员应当采用以风险为基础的审计方法进行信息系统审计,风险评估应当贯穿于信息系统审计的全过程。

第三章 信息系统审计计划

第九条 内部审计人员在实施信息系统审计前,需要确定审计目标并初步评估审计风险,估算完成信息系统审计或者专项审计所需的资源,确定重点审计领域及审计活动的优先次序,明确审计组成员的职责,编制信息系统审计方案。

第十条 编制信息系统审计方案时,除遵循相关内部审计具体准则的规定,还应当考虑下列因素:

(一)高度依赖信息技术、信息系统的关键业务流程及相关的组织战略目标;

(二)信息技术管理的组织架构;

(三)信息系统框架和信息系统的长期发展规划及近期发展计划;

(四)信息系统及其支持的业务流程的变更情况;

(五)信息系统的复杂程度;

(六)以前年度信息系统内、外部审计所发现的问题及后续审计情况;

(七)其他影响信息系统审计的因素。

第十一条 当信息系统审计作为综合性内部审计项目的一部分时,内部审计人员在审计计划阶段还应当考虑项目审计目标及要求。

第四章 信息技术风险评估

第十二条 内部审计人员进行信息系统审计时,应当识别组织所面临的与信息技术相关的内、外部风险,并采用适当的风险评估技术与方法,分析和评价其发生的可能性及影响程度,为确定审计目标、范围和方法提供依据。

第十三条 信息技术风险是指组织在信息处理和信息技术运用过程中产生的、可能影响组织目标实现的各种不确定因素。信息技术风险,包括组织层面的信息技术风险、一般性控制层面的信息技术风险及业务流程层面的信息技术风险等。

第十四条 内部审计人员在识别和评估组织层面、一般性控制层面的信息技术风险时,需要关注下列内容:

(一)业务关注度,即组织的信息技术战略与组织整体发展战略规划的契合度

以及信息技术(包括硬件及软件环境)对业务和用户需求的支持度;

(二) 信息资产的重要性;

(三) 对信息技术的依赖程度;

(四) 对信息技术部门人员的依赖程度;

(五) 对外部信息技术服务的依赖程度;

(六) 信息系统及其运行环境的安全性、可靠性;

(七) 信息技术变更;

(八) 法律规范环境;

(九) 其他。

第十五条　业务流程层面的信息技术风险受行业背景、业务流程的复杂程度、上述组织层面及一般性控制层面的控制有效性等因素的影响而存在差异。一般而言,内部审计人员应当了解业务流程,并关注下列信息技术风险:

(一) 数据输入;

(二) 数据处理;

(三) 数据输出。

第十六条　内部审计人员应当充分考虑风险评估的结果,以合理确定信息系统审计的内容及范围,并对组织的信息技术内部控制设计合理性和运行有效性进行测试。

第五章　信息系统审计的内容

第十七条　信息系统审计主要是对组织层面信息技术控制、信息技术一般性控制及业务流程层面相关应用控制的审查和评价。

第十八条　信息技术内部控制的各个层面均包括人工控制、自动控制和人工、自动相结合的控制形式,内部审计人员应当根据不同的控制形式采取恰当的审计程序。

第十九条　组织层面信息技术控制,是指董事会或者最高管理层对信息技术治理职能及内部控制的重要性的态度、认识和措施。内部审计人员应当考虑下列控制要素中与信息技术相关的内容:

(一) 控制环境。内部审计人员应当关注组织的信息技术战略规划对业务战略规划的契合度、信息技术治理制度体系的建设、信息技术部门的组织结构和关系、信息技术治理相关职权与责任的分配、信息技术人力资源管理、对用户的信息技术教育和培训等方面。

（二）风险评估。内部审计人员应当关注组织的风险评估的总体架构中信息技术风险管理的框架、流程和执行情况，信息资产的分类以及信息资产所有者的职责等方面。

（三）信息与沟通。内部审计人员应当关注组织的信息系统架构及其对财务、业务流程的支持度、董事会或者最高管理层的信息沟通模式、信息技术政策/信息安全制度的传达与沟通等方面。

（四）内部监督。内部审计人员应当关注组织的监控管理报告系统、监控反馈、跟踪处理程序以及组织对信息技术内部控制的自我评估机制等方面。

第二十条　信息技术一般性控制是指与网络、操作系统、数据库、应用系统及其相关人员有关的信息技术政策和措施，以确保信息系统持续稳定的运行，支持应用控制的有效性。对信息技术一般性控制的审计应当考虑下列控制活动：

（一）信息安全管理。内部审计人员应当关注组织的信息安全管理政策，物理访问及针对网络、操作系统、数据库、应用系统的身份认证和逻辑访问管理机制，系统设置的职责分离控制等。

（二）系统变更管理。内部审计人员应当关注组织的应用系统及相关系统基础架构的变更、参数设置变更的授权与审批，变更测试，变更移植到生产环境的流程控制等。

（三）系统开发和采购管理。内部审计人员应当关注组织的应用系统及相关系统基础架构的开发和采购的授权审批，系统开发的方法论，开发环境、测试环境、生产环境严格分离情况，系统的测试、审核、移植到生产环境等环节。

（四）系统运行管理。内部审计人员应当关注组织的信息技术资产管理、系统容量管理、系统物理环境控制、系统和数据备份及恢复管理、问题管理和系统的日常运行管理等。

第二十一条　业务流程层面应用控制是指在业务流程层面为了合理保证应用系统准确、完整、及时完成业务数据的生成、记录、处理、报告等功能而设计、执行的信息技术控制。对业务流程层面应用控制的审计应当考虑下列与数据输入、数据处理以及数据输出环节相关的控制活动：

（一）授权与批准；

(二) 系统配置控制;

(三) 异常情况报告和差错报告;

(四) 接口/转换控制;

(五) 一致性核对;

(六) 职责分离;

(七) 系统访问权限;

(八) 系统计算;

(九) 其他。

第二十二条 信息系统审计除上述常规的审计内容外,内部审计人员还可以根据组织当前面临的特殊风险或者需求,设计专项审计以满足审计战略,具体包括(但不限于)下列领域:

(一) 信息系统开发实施项目的专项审计;

(二) 信息系统安全专项审计;

(三) 信息技术投资专项审计;

(四) 业务连续性计划的专项审计;

(五) 外包条件下的专项审计;

(六) 法律、法规、行业规范要求的内部控制合规性专项审计;

(七) 其他专项审计。

第六章 信息系统审计的方法

第二十三条 内部审计人员在进行信息系统审计时,可以单独或者综合运用下列审计方法获取相关、可靠和充分的审计证据,以评估信息系统内部控制的设计合理性和运行有效性:

(一) 询问相关控制人员;

(二) 观察特定控制的运用;

(三) 审阅文件和报告及计算机文档或者日志;

(四) 根据信息系统的特性进行穿行测试,追踪交易在信息系统中的处理过程;

(五) 验证系统控制和计算逻辑;

(六) 登录信息系统进行系统查询;

（七）利用计算机辅助审计工具和技术；

（八）利用其他专业机构的审计结果或者组织对信息技术内部控制的自我评估结果；

（九）其他。

第二十四条　信息系统审计人员可以根据实际需要利用计算机辅助审计工具和技术进行数据的验证、关键系统控制/计算的逻辑验证、审计样本选取等；内部审计人员在充分考虑安全的前提下，可以利用可靠的信息安全侦测工具进行渗透性测试等。

第二十五条　内部审计人员在对信息系统内部控制进行评估时，应当获得相关、可靠和充分的审计证据以支持审计结论完成审计目标，并应当充分考虑系统自动控制的控制效果的一致性及可靠性的特点，在选取审计样本时可以根据情况适当减少样本量。在系统未发生变更的情况下，可以考虑适当降低审计频率。

第二十六条　内部审计人员在审计过程中应当在风险评估的基础上，依据信息系统内部控制评估的结果重新评估审计风险，并根据剩余风险设计进一步的审计程序。

第七章　附则

第二十七条　本准则由中国内部审计协会发布并负责解释。

第二十八条　本准则自 2014 年 1 月 1 日起施行。

第 2204 号内部审计具体准则——对舞弊行为进行检查和报告

第一章　总则

第一条　为了规范内部审计机构和内部审计人员在审计活动中对舞弊行为进行检查和报告，提高审计效率和效果，根据《内部审计基本准则》，制定本准则。

第二条　本准则所称舞弊，是指组织内、外人员采用欺骗等违法违规手段，损害或者谋取组织利益，同时可能为个人带来不正当利益的行为。

第三条　本准则适用于各类组织的内部审计机构、内部审计人员及其从事的内部审计活动。其他组织或者人员接受委托、聘用、承办或者参与内部审计业务，也应当遵守本准则。

第二章 一般原则

第四条 组织管理层对舞弊行为的发生承担责任。建立、健全并有效实施内部控制,预防、发现及纠正舞弊行为是组织管理层的责任。

第五条 内部审计机构和内部审计人员应当保持应有的职业谨慎,在实施的审计活动中关注可能发生的舞弊行为,并对舞弊行为进行检查和报告。

第六条 内部审计机构和内部审计人员在检查和报告舞弊行为时,应当从下列方面保持应有的职业谨慎:

(一) 具有识别、检查舞弊的基本知识和技能,在实施审计项目时警惕相关方面可能存在的舞弊风险;

(二) 根据被审计事项的重要性、复杂性以及审计成本效益,合理关注和检查可能存在的舞弊行为;

(三) 运用适当的审计职业判断,确定审计范围和审计程序,以检查、发现和报告舞弊行为;

(四) 发现舞弊迹象时,应当及时向适当管理层报告,提出进一步检查的建议。

第七条 由于内部审计并非专为检查舞弊而进行,即使审计人员以应有的职业谨慎执行了必要的审计程序,也不能保证发现所有的舞弊行为。

第八条 损害组织经济利益的舞弊,是指组织内、外人员为谋取自身利益,采用欺骗等违法违规手段使组织经济利益遭受损害的不正当行为。具体包括下列情形:

(一) 收受贿赂或者回扣;

(二) 将正常情况下可以使组织获利的交易事项转移给他人;

(三) 贪污、挪用、盗窃组织资产;

(四) 使组织为虚假的交易事项支付款项;

(五) 故意隐瞒、错报交易事项;

(六) 泄露组织的商业秘密;

(七) 其他损害组织经济利益的舞弊行为。

第九条 谋取组织经济利益的舞弊,是指组织内部人员为使本组织获得不当经济利益而其自身也可能获得相关利益,采用欺骗等违法违规手段,损害国家和其他组织或者个人利益的不正当行为。具体包括下列情形:

（一）支付贿赂或者回扣；

（二）出售不存在或者不真实的资产；

（三）故意错报交易事项、记录虚假的交易事项，使财务报表使用者误解而作出不适当的投融资决策；

（四）隐瞒或者删除应当对外披露的重要信息；

（五）从事违法违规的经营活动；

（六）偷逃税款；

（七）其他谋取组织经济利益的舞弊行为。

第十条　内部审计人员在检查和报告舞弊行为时，应当特别注意做好保密工作。

第三章　评估舞弊发生的可能性

第十一条　内部审计人员在审查和评价业务活动、内部控制和风险管理时，应当从以下方面对舞弊发生的可能性进行评估：

（一）组织目标的可行性；

（二）控制意识和态度的科学性；

（三）员工行为规范的合理性和有效性；

（四）业务活动授权审批制度的有效性；

（五）内部控制和风险管理机制的有效性；

（六）信息系统运行的有效性。

第十二条　内部审计人员除考虑内部控制的固有局限外，还应当考虑下列可能导致舞弊发生的情况：

（一）管理人员品质不佳；

（二）管理人员遭受异常压力；

（三）业务活动中存在异常交易事项；

（四）组织内部个人利益、局部利益和整体利益存在较大冲突。

第十三条　内部审计人员应当根据可能发生的舞弊行为的性质，向组织适当管理层报告，同时就需要实施的舞弊检查提出建议。

第四章　舞弊的检查

第十四条　舞弊的检查是指实施必要的检查程序，以确定舞弊迹象所显示的舞弊行为是否已经发生。

第十五条　内部审计人员进行舞弊检查时,应当根据下列要求进行:

(一)评估舞弊涉及的范围及复杂程度,避免向可能涉及舞弊的人员提供信息或者被其所提供的信息误导;

(二)设计适当的舞弊检查程序,以确定舞弊者、舞弊程度、舞弊手段及舞弊原因;

(三)在舞弊检查过程中,与组织适当管理层、专业舞弊调查人员、法律顾问及其他专家保持必要的沟通;

(四)保持应有的职业谨慎,以避免损害相关组织或者人员的合法权益。

第五章　舞弊的报告

第十六条　舞弊的报告是指内部审计人员以书面或者口头形式向组织适当管理层或者董事会报告舞弊检查情况及结果。

第十七条　在舞弊检查过程中,出现下列情况时,内部审计人员应当及时向组织适当管理层报告:

(一)可以合理确信舞弊已经发生,并需要深入调查;

(二)舞弊行为已经导致对外披露的财务报表严重失实;

(三)发现犯罪线索,并获得了应当移送司法机关处理的证据。

第十八条　内部审计人员完成必要的舞弊检查程序后,应当从舞弊行为的性质和金额两方面考虑其严重程度,并出具相应的审计报告。审计报告的内容主要包括舞弊行为的性质、涉及人员、舞弊手段及原因、检查结论、处理意见、提出的建议及纠正措施。

第六章　附则

第十九条　本准则由中国内部审计协会发布并负责解释。

第二十条　本准则自 2014 年 1 月 1 日起施行。

第 2309 号内部审计具体准则——内部审计业务外包管理

第一章　总则

第一条　为了规范内部审计业务外包管理行为,保证内部审计质量,根据《内部审计基本准则》,制定本准则。

第二条　本准则所称内部审计业务外包管理,是指组织及其内部审计机构将业务委托给本组织外部具有一定资质的中介机构,而实施的相关管理活动。

第三条　本准则适用于各类组织的内部审计机构。接受委托的中介机构在实施内部审计业务时应当遵守中国内部审计准则。

第二章　一般原则

第四条　除涉密事项外,内部审计机构可以根据具体情况,考虑下列因素,对内部审计业务实施外包:

(一)内部审计机构现有的资源无法满足工作目标要求;

(二)内部审计人员缺乏特定的专业知识或技能;

(三)聘请中介机构符合成本效益原则;

(四)其他因素。

第五条　内部审计机构需要将内部审计业务外包给中介机构实施的,应当确定外包的具体项目,并经过组织批准。

第六条　内部审计业务外包通常包括业务全部外包和业务部分外包两种形式:

(一)业务全部外包,是指内部审计机构将一个或多个审计项目委托中介机构实施,并由中介机构编制审计项目的审计报告;

(二)业务部分外包,是指一个审计项目中,内部审计机构将部分业务委托给中介机构实施,内部审计机构根据情况利用中介机构的业务成果,编制审计项目的审计报告。

第七条　内部审计业务外包管理的关键环节一般包括:选择中介机构、签订业务外包合同(业务约定书)、审计项目外包的质量控制、评价中介机构的工作质量等。

第八条　内部审计机构应当对中介机构开展的受托业务进行指导、监督、检查和评价,并对采用的审计结果负责。

第三章　选择中介机构

第九条　内部审计机构应当根据外包业务的要求,通过一定的方式,按照一定的标准,遴选一定数量的中介机构,建立中介机构备选库。

第十条　内部审计机构确定纳入备选库的中介机构时,应当重点考虑以下条件:

（一）依法设立，合法经营，无违法、违规记录；

（二）具备国家承认的相应专业资质；

（三）从业人员具备相应的专业胜任能力；

（四）拥有良好的职业声誉。

内部审计机构应当根据实际情况和业务外包需求，以及对中介机构工作质量的评价结果，定期对备选库进行更新。

第十一条　内部审计机构可以根据审计项目需要和实际情况，提出对选择中介机构的具体要求。相关部门按照公开、公正、公平的原则，采取公开招标、邀请招标、询价、定向谈判等形式，确定具体实施审计项目的中介机构。

第四章　签订业务外包合同（业务约定书）

第十二条　按照组织合同管理的权限和程序，内部审计机构可以负责起草或者参与起草业务外包合同（业务约定书），正式签订前应当将合同文本提交组织的法律部门审查，或征求法律顾问或律师的意见，以规避其中的法律风险。

第十三条　组织应当与选择确定的中介机构签订书面的业务外包合同（业务约定书），主要内容应当包括：

（一）工作目标；

（二）工作内容；

（三）工作质量要求；

（四）成果形式和提交时间；

（五）报酬及支付方式；

（六）双方的权利与义务；

（七）违约责任和争议解决方式；

（八）保密事项；

（九）双方的签字盖章。

第十四条　如业务外包过程中涉及主合同之外其他特殊权利义务的，组织也可以与中介机构签订单独的补充协议进行约定。

第十五条　内部审计机构应当按照组织合同管理有关规定，严格履行业务外包合同（业务约定书）相关手续。

第五章 审计项目外包的质量控制

第十六条 内部审计机构应当充分参与、了解中介机构编制的项目审计方案的详细内容,明确审计目标、审计范围、审计内容、审计程序及方法,确保项目审计方案的科学性。

第十七条 在审计项目实施过程中,内部审计机构应当定期或不定期听取中介机构工作汇报、询问了解审计项目实施情况、帮助解决工作中遇到的问题等,确保中介机构业务实施过程的顺利。

第十八条 内部审计机构应当对中介机构提交的审计报告初稿进行复核并提出意见,确保审计报告的质量。

第十九条 中介机构完成审计项目工作后,内部审计机构应当督促其按照审计档案管理相关规定汇总整理并及时提交审计项目的档案资料。

第二十条 中介机构未能全面有效履行外包合同规定的义务,有下列情形之一的,内部审计机构可以向组织建议终止合同,拒付或酌情扣减审计费用:

(一)未按合同的要求实施审计,随意简化审计程序;

(二)审计程序不规范,审计报告严重失实,审计结论不准确,且拒绝进行重新审计或纠正;

(三)存在应披露而未披露的重大事项等重大错漏;

(四)违反职业道德,弄虚作假、串通作弊、泄露被审计单位秘密;

(五)擅自将受托审计业务委托给第三方;

(六)其他损害委托方或被审计单位的行为。

第六章 评价中介机构的工作质量

第二十一条 内部审计机构可以针对具体的审计项目对中介机构的工作质量进行评价,也可以针对中介机构一定时期的工作质量进行总体评价。

第二十二条 内部审计机构对中介机构工作质量的评价,一般包括:

(一)履行业务外包合同(业务约定书)承诺的情况;

(二)审计项目的质量;

(三)专业胜任能力和职业道德;

(四)归档资料的完整性;

(五)其他方面。

第二十三条 内部审计机构可以采用定性、定量或者定性定量相结合的方式对中介机构的工作质量进行评价。

第二十四条 组织及其内部审计机构应当把对中介机构工作质量评价的结果,作为建立中介机构备选库、选择和确定中介机构的重要参考。中介机构违背业务外包合同(业务约定书)的,内部审计机构应当根据评价结果,依照合同约定,向组织建议追究中介机构的违约责任。

第七章 附则

第二十五条 本准则由中国内部审计协会发布并负责解释。

第二十六条 本准则自2019年6月1日起施行。

第3101号内部审计实务指南——审计报告

第一章 总则

第一条 为了规范审计报告的编制、复核和报送,提高审计报告的质量,根据《内部审计基本准则》及内部审计具体准则,制定本指南。

第二条 本指南所称审计报告,是指内部审计人员根据审计计划对审计事项实施审计后,作出审计结论,提出审计意见和审计建议的书面文件。

第三条 本指南适用于各类组织的内部审计机构、内部审计人员及其从事的内部审计活动。其他组织或者人员接受委托、聘用,承办或者参与内部审计业务,也应当参照本指南。

第二章 一般原则

第四条 内部审计人员在实施必要的审计程序,获取相关、可靠和充分的审计证据后,依据适用的法律法规、组织的有关规定或其他相关标准,作出审计结论,提出审计意见和审计建议,出具审计报告。

第五条 审计项目终结后应当编制审计报告,如果存在下列情形之一,内部审计人员可以在审计过程中提交中期审计报告,以便及时采取有效措施改善业务活动、内部控制和风险管理:

(一)审计周期过长;

(二)审计项目内容复杂;

(三)突发事件导致对审计的特殊要求;

（四）组织适当管理层需要掌握审计项目进展信息；

（五）其他需要提供中期审计报告的情形。

中期审计报告不能取代项目终结后的审计报告，但可以作为其编制依据。中期审计报告可以根据具体情况适当简化审计报告的要素或内容。

第六条　审计报告的编制应当符合下列要求：

（一）实事求是地反映被审计事项，不歪曲事实真相，不遗漏、不隐瞒审计发现的问题；不偏不倚地评价被审计事项，客观公正地发表审计意见。

（二）要素齐全，行文格式规范，完整反映审计中发现的所有重要问题。

（三）逻辑清晰、脉络贯通、主次分明、重点突出，用词准确、简洁明了、易于理解。也可以适当运用图表描述事实、归类问题、分析原因，更直观地传递审计信息。

（四）根据所确定的审计重要性水平，对于重要事项和重大风险作重点说明。

（五）针对被审计单位业务活动、内部控制和风险管理中存在的主要问题，深入分析原因，提出可行的改进意见和建议；或者针对审计发现问题之外的其他情形提出完善提高的建议，以促进组织实现目标。

第七条　内部审计机构应当建立健全审计报告的分级复核制度，明确规定审计报告的复核层级、复核重点、复核要求和复核责任，并与审计工作底稿的分级复核制度相结合。

第八条　审计报告经审核无误后，应当以内部审计机构的名义送达被审计单位，并报送组织适当管理层，必要时可以抄送其他相关单位。

第三章　审计报告的要素和内容

第九条　审计报告主要包括下列要素：

（一）标题；

（二）收件人；

（三）正文；

（四）附件；

（五）签章；

（六）报告日期；

（七）其他。

第十条　审计报告标题应当说明审计工作的内容，力求言简意赅并有利于归档和索引。一般包括以下内容：

（一）被审计单位（或项目）；

（二）审计事项（含事项涉及的时间范围）；

（三）其他。

第十一条　审计报告发文字号由发文组织代字、发文年份和文件顺序号三个部分组成。

第十二条　内部审计机构可以根据《中华人民共和国保守国家秘密法》、国家工商行政管理局发布的《关于禁止侵犯商业秘密行为的若干规定》等有关法律法规和组织的保密制度要求，评估被审计项目的重要程度和保密性，设置审计报告密级和保密期限，并报相关部门审核、备案。

第十三条　审计报告收件人可以根据组织的治理结构、内部审计领导体制、审计类型与审计方式确定。一般包括：

（一）组织的权力机构或主要负责人；

（二）被审计单位；

（三）委托审计的单位（部门）；

（四）其他相关单位（部门）或人员。

第十四条　审计报告正文主要包括下列内容：

（一）审计概况；

（二）审计依据；

（三）审计结论；

（四）审计发现；

（五）审计意见；

（六）审计建议。

第十五条　审计概况是对审计项目总体情况的介绍和说明。一般包括下列内容：

（一）立项依据。审计报告应当根据实际情况说明审计项目的来源，包括：审计计划安排的项目；有关单位（部门）委托的项目；根据工作需要临时安排的项目；其他项目。如有必要，可进一步说明选择审计项目的目的和理由。

（二）背景介绍。审计报告应当简要介绍有助于理解审计项目立项的审计对象的基本情况，包括：被审计单位（或项目）的规模、性质、职责范围或经营范围、业务活动及其目标、组织结构、管理方式、员工数量、管理人员等情况;与审计项目相关的环境情况,如相关财政财务管理体制和业务管理体制、内部控制及信息系统情况;以往接受内外部审计及其他监督检查情况;其他情况。

(三) 整改情况。审计报告中应当说明上次审计后的整改情况。

(四) 审计目标与范围。审计报告应当明确说明本次审计目标与审计范围(审计项目涉及的单位、时间和事项范围)。如果存在未审计过的领域,要在审计报告中指出,特别是某些受到限制无法进行审计的事项,应当说明原因。

(五) 审计内容和重点。审计报告应当对审计的主要内容、重点、难点作出必要的说明,并适当说明针对这些方面采取了何种措施(主要审计方法、审计程序等)及其产生的效果。

第十六条 审计依据是实施审计所依据的相关法律法规、内部审计准则、组织内部规章制度等规定。如存在未遵循内部审计准则的情形,应当在审计报告中作出解释和说明。

第十七条 审计结论是根据已查明的事实,对被审计单位业务活动、内部控制和风险管理的适当性和有效性作出的评价。应当围绕审计事项作总体及有重点的评价,既包括正面评价,概述取得的主要业绩和经验做法等;也包括对审计发现的主要问题的简要概括。

(一) 业务活动评价。是内部审计人员根据已审计的业务查明的事实,运用恰当的标准,对其适当性和有效性进行评价。主要包括对财政财务收支和有关经济活动进行的评价。

(二) 内部控制评价。是对内部控制设计的合理性和运行的有效性进行评价。既包括对组织层面的内部环境、风险评估、控制活动、信息与沟通、内部监督五个要素进行的评价;也包括根据管理需求和业务活动的特点,对某项业务活动内部控制进行的评价。

(三) 风险管理评价。是对风险管理的适当性和有效性进行评价。主要包括:对风险管理机制进行评价;对风险识别过程是否遵循了重要性原则进行评价;对风险评估方法的适当性进行评价;对风险应对措施的适当性及有效性进行评价等。

第十八条 审计发现是对被审计单位的业务活动、内部控制和风险管理实施审计过程中所发现的主要问题的事实、定性、原因、后果或影响等。一般包括:

(一) 审计发现问题的事实。主要是指业务活动、内部控制和风险管理在适当性和有效性等方面存在的违规、缺陷或损害的主要问题和具体情节。如经济活动存在违反法律法规和内部管理制度、造假和舞弊等行为;财政财务收支及其会计记录、财务报告存在不合规、不真实或不完整的情形;内部控制、风险管理或信息系统存在的缺陷、漏洞;以及绩效方面存在的问题等。

(二)审计发现问题的定性。主要是指审计发现问题的定性依据、定性标准、定性结论。必要时可包括责任认定。

(三)审计发现问题的原因。即针对审计发现的事实真相,分析研究导致其产生的内部原因和外部原因。

(四)审计发现问题的后果或影响。即从定量和定性两方面评估审计发现问题已经或可能造成的后果或影响。

第十九条　审计意见是针对审计发现的被审计单位在业务活动、内部控制和风险管理等方面存在的违反国家或组织规定的行为,在组织授权的范围内,提出审计处理意见;或者建议组织适当管理层和相关部门作出的处理意见。

审计意见一般包括:纠正、处理违法违规行为的意见;对违法违规和造成损失浪费的被审计单位和相关人员,给予通报批评或者追究责任的意见和建议。

第二十条　审计建议是针对审计中发现的被审计单位业务活动、内部控制和风险管理等方面存在的主要问题,以及其他需要进一步完善提高的事项,在分析原因和影响的基础上,提出有价值的建议。

第二十一条　附件是对审计报告正文进行补充说明的文字和数据等支撑性材料。一般包括:

(一)相关问题的计算及分析过程;

(二)审计发现问题的详细说明;

(三)被审计单位的反馈意见;

(四)记录审计人员修改意见、明确审计责任、体现审计报告版本的审计清单;

(五)需要提供解释和说明的其他内容。

第二十二条　审计报告征求意见稿应当由审计组组长签字,最终出具的审计报告应当有内部审计机构负责人的签名或内部审计机构的公章。

第二十三条　审计报告日期,一般以内部审计机构负责人签发日作为报告日期。

第四章　审计报告的格式

第二十四条　审计报告的一般格式包括：

（一）标题。在版头分一行或多行居中排布，回行时，要词意完整、排列对称、长短适宜、间距恰当，标题排列可以使用梯形或菱形。有文头的审计报告，标题编排在红色分隔线下空二行位置；没有文头的审计报告，标题编排在分隔线上空二行位置。

（二）发文字号。由发文组织代字、发文年份和文件顺序号三个部分组成。年份、发文顺序号用阿拉伯数字标注；年份应当标全称，用六角括号"〔〕"括入；发文顺序号不加"第"字，不编虚位（即1不编为01），在阿拉伯数字后加"号"字。例如，×审〔20××〕×号。有文头的审计报告，发文字号在文头标志下空二行、红色分隔线上居中排布；没有文头的审计报告，发文字号在分隔线下右角排布。

（三）密级和保密期限。如需标注密级和保密期限，顶格编排在版心左上角第二行；保密期限中的数字用阿拉伯数字标注，自标明的制发日算起。密级一般分为绝密、机密、秘密三级。保密期限在一年以上的，以年计，如秘密5年；在一年以内的，以月计，如秘密6个月。

（四）收件人。有文头的审计报告，收件人编排于标题下空一行位置；没有文头的审计报告，收件人编排于发文字号下空一行位置。收件人居左顶格，回行时仍顶格，最后一个收件人名称后标全角冒号。

（五）正文。编排于收件人名称下一行，每个自然段左空二字，回行顶格。文中结构层次序数依次可以用"一、""（一）""1.""（1）"标注；一般第一层用黑体字、第二层用楷体字、第三层和第四层用仿宋体字标注。

（六）附件。如有附件，在正文下空一行，左空二字编排"附件"二字，后标全角冒号和附件名称。如有多个附件，使用阿拉伯数字标注附件顺序号，如"附件：1.××××"；附件名称后不加标点符号。附件名称较长需回行时，应当与上一行附件名称的首字对齐。

（七）内部审计机构署名或盖章。一般在报告日期之上，以报告日期为准居中编排内部审计机构署名，如使用机构印章，加盖印章应当端正、居中下压内部审计机构署名和报告日期，使内部审计机构署名和报告日期居印章中心偏下位置，印章顶端应当上距正文或附件一行之内。如不使用机构印章，一般在正文之下空一行编排内部审计机构署名及其负责人签名(主要用于征求意见阶段的审计报告),并以报告日期为准居中编排。

(八)报告日期。使用阿拉伯数字将年、月、日标全,年份应当标全称,月、日不编虚位(即1不编为01)。报告日期一般右空四个字编排。

第五章 审计报告的编制

第二十五条 审计组在实施必要的审计程序后,应当及时编制审计报告。特殊情况需要延长的,应当报请内部审计机构负责人批准。

第二十六条 审计组应当按照以下程序编制审计报告:

(一)做好相关准备工作;

(二)编制审计报告初稿;

(三)征求被审计单位的意见;

(四)复核、修订审计报告并定稿。

第二十七条 审计组在进行审计报告的准备工作时,需要讨论确定下列事项:

(一)审计目标的实现情况;

(二)审计事项完成情况;

(三)审计证据的相关性、可靠性和充分性;

(四)审计结论的适当性;

(五)审计发现问题的重要性;

(六)审计意见的合理性与合规性;

(七)审计建议的针对性、建设性和可操作性;

(八)其他有关事项。

第二十八条 审计组应当根据不同的审计目标,以审计认定的事实为基础,合理运用重要性原则并评估审计风险,对审计事项作出审计结论。作出审计结论时,需要注意下列事项:

(一)围绕审计目标,依照相关法律法规、政策、程序及其他标准,对审计事项进行评价,评价应当客观公正,并与审计发现问题有密切的相关性。

(二)审计评价应当坚持全面性和重要性相结合,定性与定量相结合的原则。

(三)只对已审计的事项发表审计评价意见,对未经审计的事项、审计证据不充分、评价依据或者标准不明确以及超越审计职责范围的事项,不发表审计评价意见。

第二十九条　审计组应当根据审计发现的问题及其发生的原因和审计报告的使用对象,从性质和金额两个方面评估审计发现问题的重要性,合理归类并按照重要性原则排序,如实在审计报告中予以反映。

第三十条　审计组对审计发现的主要问题提出处理意见时,需要关注下列因素:

(一)适用的法律法规以及组织内部的规章制度;

(二)审计的职权范围(在组织授权处理范围内的,内部审计机构直接提出审计处理意见;超出组织授权范围的,可以建议组织适当管理层或相关部门作出处理);

(三)审计发现问题的性质、金额、情节、原因和后果;

(四)对同类问题处理处罚的一致性;

(五)需要关注的其他因素。

第三十一条　审计组应当针对审计发现的被审计单位业务活动、内部控制和风险管理中存在的主要问题、缺陷和漏洞,以及需要进一步完善提高的事项等,分别提出纠正和改善建议。

第三十二条　审计组应当就审计报告的主要内容与被审计单位及其相关人员进行及时、充分的沟通。

审计组应当根据沟通内容的要求,选择会议形式或面谈形式与被审计单位及其相关人员进行沟通,应当注意沟通技巧,进行平等、诚恳、恰当、充分的交流。

第三十三条　审计报告初稿由审计项目负责人或者其授权的审计组其他成员起草。如其他人员起草时,应当由审计项目负责人进行复核。审计报告初稿应当在审计组内部进行讨论,并根据讨论结果进行适当的修改。

第三十四条　审计组提出的审计报告在按照规定程序审批后,应当以内部审计机构的名义征求被审计单位的意见。也可以经内部审计机构授权,以审计组的名义征求意见。被审计单位应在规定时间内以书面形式对审计报告提出意见,否则,视同无异议。

审计报告中涉及重大案件调查等特殊事项,经过规定程序批准,可不征求被审计单位的意见。

第三十五条　被审计单位对征求意见的审计报告有异议的,审计组应当进一步核实,并根据核实情况对审计报告作出必要的修改。

审计组应当对采纳被审计单位意见的情况和原因,或者被审计单位未在规定时间内提出书面意见的情况作出书面说明。

第六章 审计报告的复核、报送和归档

第三十六条 内部审计机构应当建立审计报告的分级复核制度,加强审计报告的质量控制。重点对下列事项进行复核:

(一)是否按照项目审计方案确定的审计范围和审计目标实施审计;

(二)与审计事项有关的事实是否清楚、数据是否准确;

(三)审计结论、审计发现问题的定性、处理意见是否适当,适用的法律法规和标准是否准确,所依据的审计证据是否相关、可靠和充分;

(四)审计发现的重要问题是否在审计报告中反映;

(五)审计建议是否具有针对性、建设性和可操作性;

(六)被审计单位反馈的合理意见是否被采纳;

(七)其他需要复核的事项。

内部审计机构负责人复核审计报告时,应当审核被审计单位对审计报告的书面意见及审计组采纳情况的书面说明,以及其他有关材料。

第三十七条 内部审计机构负责人对审计组报送的材料复核后,可根据情况采取下列措施:

(一)要求审计组补充重要审计证据;

(二)对审计报告进行修改。

复核过程中遇有复杂问题的,可以邀请有关专家进行论证。邀请的专家可以从组织外部聘请,也可以在组织内部指派。

第三十八条 审计报告经复核和修改后,由总审计师或内部审计机构负责人按照规定程序审定、签发。

第三十九条 审计报告的报送一般限于组织内部,通常根据组织要求、审计类型和形式确定报送对象。需要将审计报告的全部或部分内容发送给组织外部单位或人员的,应当按照规定程序批准。

第四十条 审计报告按照规定程序批准后,可以在组织内部适当范围公开。

第四十一条 已经出具的审计报告如果存在重要错误或者遗漏,内部审计机构应当及时更正,并将更正后的审计报告提交给原审计报告接收者。

第四十二条　内部审计机构应当按照中国内部审计协会发布的《第2308号内部审计具体准则——审计档案工作》，以及组织的档案管理制度要求，将审计报告及其他业务文档及时归入审计档案，妥善保存。

第七章　附则

第四十三条　本指南由中国内部审计协会发布并负责解释。

第四十四条　本指南自2020年1月1日起施行。2009年1月1日起施行的《内部审计实务指南第3号——审计报告》同时废止。

第四十五条　本指南主要规范通用审计报告，有关经济责任审计报告的内容可参照中共中央办公厅、国务院办公厅印发的《党政主要领导干部和国有企事业单位主要领导人员经济责任审计规定》和释义执行。

《审计署关于内部审计工作的规定》
（中华人民共和国审计署令第11号）

第一章　总则

第一条　为了加强内部审计工作，建立健全内部审计制度，提升内部审计工作质量，充分发挥内部审计作用，根据《中华人民共和国审计法》《中华人民共和国审计法实施条例》以及国家其他有关规定，制定本规定。

第二条　依法属于审计机关审计监督对象的单位（以下统称单位）的内部审计工作，以及审计机关对单位内部审计工作的业务指导和监督，适用本规定。

第三条　本规定所称内部审计，是指对本单位及所属单位财政财务收支、经济活动、内部控制、风险管理实施独立、客观的监督、评价和建议，以促进单位完善治理、实现目标的活动。

第四条　单位应当依照有关法律法规、本规定和内部审计职业规范，结合本单位实际情况，建立健全内部审计制度，明确内部审计工作的领导体制、职责权限、人员配备、经费保障、审计结果运用和责任追究等。

第五条　内部审计机构和内部审计人员从事内部审计工作,应当严格遵守有关法律法规、本规定和内部审计职业规范,忠于职守,做到独立、客观、公正、保密。

内部审计机构和内部审计人员不得参与可能影响独立、客观履行审计职责的工作。

第二章　内部审计机构和人员管理

第六条　国家机关、事业单位、社会团体等单位的内部审计机构或者履行内部审计职责的内设机构,应当在本单位党组织、主要负责人的直接领导下开展内部审计工作,向其负责并报告工作。

国有企业内部审计机构或者履行内部审计职责的内设机构应当在企业党组织、董事会(或者主要负责人)直接领导下开展内部审计工作,向其负责并报告工作。国有企业应当按照有关规定建立总审计师制度。总审计师协助党组织、董事会(或者主要负责人)管理内部审计工作。

第七条　内部审计人员应当具备从事审计工作所需要的专业能力。单位应当严格内部审计人员录用标准,支持和保障内部审计机构通过多种途径开展继续教育,提高内部审计人员的职业胜任能力。

内部审计机构负责人应当具备审计、会计、经济、法律或者管理等工作背景。

第八条　内部审计机构应当根据工作需要,合理配备内部审计人员。除涉密事项外,可以根据内部审计工作需要向社会购买审计服务,并对采用的审计结果负责。

第九条　单位应当保障内部审计机构和内部审计人员依法依规独立履行职责,任何单位和个人不得打击报复。

第十条　内部审计机构履行内部审计职责所需经费,应当列入本单位预算。

第十一条　对忠于职守、坚持原则、认真履职、成绩显著的内部审计人员,由所在单位予以表彰。

第三章　内部审计职责权限和程序

第十二条　内部审计机构或者履行内部审计职责的内设机构应当按照国家有关规定和本单位的要求,履行下列职责:

(一)对本单位及所属单位贯彻落实国家重大政策措施情况进行审计;

(二)对本单位及所属单位发展规划、战略决策、重大措施以及年度业务计划

执行情况进行审计;

(三) 对本单位及所属单位财政财务收支进行审计;

(四) 对本单位及所属单位固定资产投资项目进行审计;

(五) 对本单位及所属单位的自然资源资产管理和生态环境保护责任的履行情况进行审计;

(六) 对本单位及所属单位的境外机构、境外资产和境外经济活动进行审计;

(七) 对本单位及所属单位经济管理和效益情况进行审计;

(八) 对本单位及所属单位内部控制及风险管理情况进行审计;

(九) 对本单位内部管理的领导人员履行经济责任情况进行审计;

(十) 协助本单位主要负责人督促落实审计发现问题的整改工作;

(十一) 对本单位所属单位的内部审计工作进行指导、监督和管理;

(十二) 国家有关规定和本单位要求办理的其他事项。

第十三条 内部审计机构或者履行内部审计职责的内设机构应有下列权限:

(一) 要求被审计单位按时报送发展规划、战略决策、重大措施、内部控制、风险管理、财政财务收支等有关资料(含相关电子数据,下同),以及必要的计算机技术文档;

(二) 参加单位有关会议,召开与审计事项有关的会议;

(三) 参与研究制定有关的规章制度,提出制定内部审计规章制度的建议;

(四) 检查有关财政财务收支、经济活动、内部控制、风险管理的资料、文件和现场勘察实物;

(五) 检查有关计算机系统及其电子数据和资料;

(六) 就审计事项中的有关问题,向有关单位和个人开展调查和询问,取得相关证明材料;

(七) 对正在进行的严重违法违规、严重损失浪费行为及时向单位主要负责人报告,经同意作出临时制止决定;

(八) 对可能转移、隐匿、篡改、毁弃会计凭证、会计账簿、会计报表以及与经济活动有关的资料,经批准,有权予以暂时封存;

(九) 提出纠正、处理违法违规行为的意见和改进管理、提高绩效的建议;

(十) 对违法违规和造成损失浪费的被审计单位和人员,给予通报批评或者提出追究责任的建议;

（十一）对严格遵守财经法规、经济效益显著、贡献突出的被审计单位和个人，可以向单位党组织、董事会（或者主要负责人）提出表彰建议。

第十四条　单位党组织、董事会（或者主要负责人）应当定期听取内部审计工作汇报，加强对内部审计工作规划、年度审计计划、审计质量控制、问题整改和队伍建设等重要事项的管理。

第十五条　下属单位、分支机构较多或者实行系统垂直管理的单位，其内部审计机构应当对全系统的内部审计工作进行指导和监督。系统内各单位的内部审计结果和发现的重大违纪违法问题线索，在向本单位党组织、董事会（或者主要负责人）报告的同时，应当及时向上一级单位的内部审计机构报告。

单位应当将内部审计工作计划、工作总结、审计报告、整改情况以及审计中发现的重大违纪违法问题线索等资料报送同级审计机关备案。

第十六条　内部审计的实施程序，应当依照内部审计职业规范和本单位的相关规定执行。

第十七条　内部审计机构或者履行内部审计职责的内设机构，对本单位内部管理的领导人员实施经济责任审计时，可以参照执行国家有关经济责任审计的规定。

第四章　审计结果运用

第十八条　单位应当建立健全审计发现问题整改机制，明确被审计单位主要负责人为整改第一责任人。对审计发现的问题和提出的建议，被审计单位应当及时整改，并将整改结果书面告知内部审计机构。

第十九条　单位对内部审计发现的典型性、普遍性、倾向性问题，应当及时分析研究，制定和完善相关管理制度，建立、健全内部控制措施。

第二十条　内部审计机构应当加强与内部纪检监察、巡视巡察、组织人事等其他内部监督力量的协作配合，建立信息共享、结果共用、重要事项共同实施、问题整改问责共同落实等工作机制。

内部审计结果及整改情况应当作为考核、任免、奖惩干部和相关决策的重要依据。

第二十一条　单位对内部审计发现的重大违纪违法问题线索，应当按照管辖权限依法依规及时移送纪检监察机关、司法机关。

第二十二条 审计机关在审计中,特别是在国家机关、事业单位和国有企业三级以下单位审计中,应当有效利用内部审计力量和成果。对内部审计发现且已经纠正的问题不再在审计报告中反映。

第五章 对内部审计工作的指导和监督

第二十三条 审计机关应当依法对内部审计工作进行业务指导和监督,明确内部职能机构和专职人员,并履行下列职责:

(一)起草有关内部审计工作的法规草案;

(二)制定有关内部审计工作的规章制度和规划;

(三)推动单位建立、健全内部审计制度;

(四)指导内部审计统筹安排审计计划,突出审计重点;

(五)监督内部审计职责履行情况,检查内部审计业务质量;

(六)指导内部审计自律组织开展工作;

(七)法律、法规规定的其他职责。

第二十四条 审计机关可以通过业务培训、交流研讨等方式,加强对内部审计人员的业务指导。

第二十五条 审计机关应当对单位报送的备案资料进行分析,将其作为编制年度审计项目计划的参考依据。

第二十六条 审计机关可以采取日常监督、结合审计项目监督、专项检查等方式,对单位的内部审计制度建立健全情况、内部审计工作质量情况等进行指导和监督。

对内部审计制度建设和内部审计工作质量存在问题的,审计机关应当督促单位内部审计机构及时进行整改并书面报告整改情况;情节严重的,应当通报批评并视情况抄送有关主管部门。

第二十七条 审计机关应当按照国家有关规定对内部审计自律组织进行政策和业务指导,推动内部审计自律组织按照法律法规和章程开展活动。必要时,可以向内部审计自律组织购买服务。

第六章 责任追究

第二十八条 被审计单位有下列情形之一的,由单位党组织、董事会(或者主要负责人)责令改正,并对直接负责的主管人员和其他直接责任人员进行处理:

（一）拒绝接受或者不配合内部审计工作的；

（二）拒绝、拖延提供与内部审计事项有关的资料，或者提供资料不真实、不完整的；

（三）拒不纠正审计发现问题的；

（四）整改不力、屡审屡犯的；

（五）违反国家规定或者本单位内部规定的其他情形。

第二十九条　内部审计机构或者履行内部审计职责的内设机构和内部审计人员有下列情形之一的，由单位对直接负责的主管人员和其他直接责任人员进行处理；涉嫌犯罪的，移送司法机关依法追究刑事责任：

（一）未按有关法律法规、本规定和内部审计职业规范实施审计导致应当发现的问题未被发现并造成严重后果的；

（二）隐瞒审计查出的问题或者提供虚假审计报告的；

（三）泄露国家秘密或者商业秘密的；

（四）利用职权谋取私利的；

（五）违反国家规定或者本单位内部规定的其他情形。

第三十条　内部审计人员因履行职责受到打击、报复、陷害的，单位党组织、董事会（或者主要负责人）应当及时采取保护措施，并对相关责任人员进行处理；涉嫌犯罪的，移送司法机关依法追究刑事责任。

第七章　附则

第三十一条　本规定所称国有企业是指国有和国有资本占控股地位或者主导地位的企业、金融机构。

第三十二条　不属于审计机关审计监督对象的单位的内部审计工作，可以参照本规定执行。

第三十三条　本规定由审计署负责解释。

第三十四条　本规定自2018年3月1日起施行。审计署于2003年3月4日发布的《审计署关于内部审计工作的规定》（2003年审计署第4号令）同时废止。

参考文献

中文文献

[1] 蔡春,蔡利,田秋蓉.内部审计功能与公司价值[J].中国会计评论,2011(9):283-300.

[2] 陈莹,林斌,何漪漪,等.内部审计、治理机制互动与公司价值——基于上市公司问卷调查数据的研究[J].审计研究,2016(1):101-107.

[3] 迟柏龙,刘静.内部审计外部化在我国中小企业推广问题分析[J].审计研究,2009(4):53-54.

[4] 崔南方,康毅,林淑贤.业务外包风险分析与控制[J].管理学报,2006(1):44-49.

[5] 樊纲,王小鲁,朱恒鹏.中国市场化指数:各地区市场化相对进程 2009 年报告[M].北京:经济科学出版社,2010.

[6] 冯均科.内部审计发展:边缘化还是回归?[J].审计研究,2013(2):52-57.

[7] 冯西儒.内部审计职能演变的特征研究——基于 IIA 内部审计定义发展的视角[J].中国内部审计,2013(9):22-27.

[8] 傅黎瑛.内部审计外包中的独立性和决策标准问题研究[J].管理世界,2008(9):177-179.

[9] 韩晓梅.内审外包原因解析:一个交易费用理论的分析框架[J].财会通讯,2004(3):10-12.

[10] 何威风,刘启亮.我国上市公司高管背景特征与财务重述行为研究[J].管理世界,2010(7):144-155.

[11] 何卫红,赵佳.内部审计研究述评:2003—2009[J].审计研究,2011(1):57-62.

[12] 黄乔语,时现.国际内部审计现状与发展启示——基于 IIA"2010 全球内部审计调查"实证数据的视角[J].中国内部审计,2014(12):34-40.

[13] 黄溶冰.内部审计外包的策略选择:组织柔性视角的案例研究[J].审计研究,2012(2):98-104.

[14] 姜付秀,伊志宏,苏飞,等.管理者背景特征与企业过度投资行为[J].管理世界,2009(1):130-139.

[15] 金姚瑛.协力式委外的内部审计外包模式在我国企业中的应用[J].中国内部审计,2014(9):74-76.

[16] 李华.内部审计外包动因及启示[J].中国内部审计,2010(1):23-28.

[17] 李琳,肖杰.基于公司治理视角的内部审计外部化研究[J].财会通讯,2008(10):48-50.

[18] 李越冬.内部审计职能研究:国内外文献综述[J].审计研究,2010(3):42-47.

[19] 刘斌,石恒贵.上市公司内部审计外包决策的影响因素研究[J].审计研究,2008(4):66-73.

[20] 刘德运.内部审计帮助企业增加价值——一个框架[J].审计研究,2014(5):108-112.

[21] 刘建军,张海燕.中小企业内部审计外包动因及策略选择[J].财会通讯,2009(12):25-26.

[22] 刘启亮,罗乐,何威风,等.产权性质、制度环境与内部控制[J].会计研究,2012(3):52-61.

[23] 彭正辉.中小企业内部审计外包质量评价体系研究[J].财会通讯,2012(11):78-79.

[24] 时现,毛勇,易仁萍.国内外企业内部审计发展状况之比较——基于调查问卷分析[J].审计研究,2008(6):23-26.

[25] 孙凌云,李作家.企业内部审计外部化的利与弊[J].经济研究导刊,2010(35):148-149.

[26] 孙梦颖.企业内部审计外包问题研究[J].财经问题研究,2008(10):90-93.

[27] 王兵,鲍国明.国有企业内部审计实践与发展经验[J].审计研究,2013(2):76-81.

[28] 王兵,刘力云,鲍国明.内部审计未来展望[J].审计研究,2013(5):106-112.

[29] 王兵,刘力云,张立民.中国内部审计近30年发展:历程回顾与启示[J].会计研究,2013(10):83-88.

[30] 王兵,刘力云.中国内部审计需求调查与发展方略[J].会计研究,2015(2):73-78.

[31] 王兵.中国内部审计发展战略研究[M].北京:中国时代经济出版社,2014.

[32] 王光远,瞿曲.内部审计外包:述评与展望[J].审计研究,2005(2):11-19.

[33] 王全录.内部审计外部化能否有效在我国中小企业推广——与迟柏龙、刘静二位同仁商榷[J].审计研究,2010(4):101-103.

[34] 王秀红.内部审计在外包风险管理中的应用研究[J].财会通讯,2010(9):158-160.

[35] 叶炜.内部审计外部化的动因分析——基于交易费用、委托代理及核心竞争力理论[J].中国内部审计,2014(3):36-39.

[36] 张庆龙.我国企业内部审计职业通用胜任能力框架设计研究——基于问卷调查的分析[J].会计研究,2013(1):84-91.

[37] 张鑫.基于协力式委外模式的企业内部审计外包研究[J].财会通讯,2013(7):82-83.

[38] 赵保卿,李娜.基于层次分析法的内部审计外包内容决策研究[J].审计与经济研究,2013(1):37-45.

[39] 郑斌斌.小微企业内部审计外包的动因分析及策略选择[J].中国内部审计,2014(4):41-43.

[40] 中国保险监督管理委员会.保险机构内部审计工作规范[EB/OL].[2019-03-06].http://

www.circ.gov.cn/web/site0/tab5225/info3982672.htm.

[41] 中国内部审计协会.中国内部审计规范[M].北京:中国时代经济出版社,2005:22.

[42] 中国银行业监督管理委员会.商业银行内部审计指引[EB/OL].[2019-06-10].http://www.cbrc.gov.cn/chinese/home/docDOC_ReadView/715834C84E47492FAA1D3EA200683652.html.

英文文献

[1] Abbott L J, Parker S, Peters G F. Audit Fee Reductions from Internal Audit-provided Assistance: The Incremental Impact of Internal Audit Characteristics[J]. Contemporary Accounting Research,2012(29):94-118.

[2] Abbott L J, Parker S, Peters G F. Corporate Governance, Audit Quality and the Sarbanes-Oxley Act: Evidence from Internal Audit Outsourcing[J]. The Accounting Review, 2007(82):803-835.

[3] Abbott L J, Parker S, Peters G F. Internal Audit Quality and Financial Reporting Quality: The Joint Importance of Independence and Competence[J]. Journal of Accounting Research, 2016(1):5-37.

[4] Aldhizer G R, Cashell J D. A Tale of Two Companies: The Decision to Outsource Internal Auditing[J]. Internal Auditing,1996(11):10-15.

[5] Aldhizer G R, Cashell J D, Martin D R. Internal Audit Outsourcing[J]. The CPA Journal, 2003(8):38-42.

[6] Barr R H, Chang S Y. Outsourcing Internal Audits: A Boon or Bane? [J]. Managerial Auditing Journal,1993(8):14-17.

[7] Barr-Pulliam D. Engaging Third Parties for Internal Audit Activities[J]. The IIA Research Foundation,2016.

[8] Camelo-Ordaz C, Hernandez-Lara A B, Valle-Cabrera R. The Relationship between Top Management Teams and Innovative Capacity in Companies[J]. Journal of Management Development,2005,24(8):683-705.

[9] Caplan D H, Kirschenheiter M. Outsourcing and Audit Risk for Internal Audit Services[J]. Contemporary Accounting Research,2000,17(3):387-428.

[10] Carey P, Subramaniam N, Ching K C W. Internal Audit Outsourcing in Australia[J]. Accounting & Finance,2006,46(1):11-30.

[11] Coram P, Ferguson C, Moroney R. Internal Audit, Alternative Internal Audit Structures and the Level of Misappropriation of Assets Fraud[J]. Accounting & Finance,2008,48(4):543-559.

[12] Enyinna O, Chinedu B E, Umaru M. Managerial Factors Influencing Internal Audit

Outsourcing Decisions of Small and Medium Size Enterprises in Nigeria[J]. International Journal of Business, Accounting, and Finance,2017,11(2):1-23.

[13] Everaert P,Sarens G,Rommel J. Using Transaction Cost Economics to Explain Outsourcing of Accounting[J]. Small Business Economics,2010,35(6):93-112.

[14] Glover S M,Prawitt D F,Wood D A. Internal Audit Sourcing Arrangement and the External Auditor's Reliance Decision[J]. Contemporary Accounting Research,2008,25(1):193-213.

[15] Graham J R,Harvey C R,Puri M. Managerial Attitudes and Corporate Actions[J]. Journal of Financial Economics,2013,109(1):103-121.

[16] IIA. IIA Position Paper on Resourcing Alternatives for the Internal Audit Function. 2005. http://www.theiia.org.

[17] Kakabadse A,Kakabadse N. Outsourcing Best Practice: Transformational and Transactional Considerations[J]. Knowledge and Process Management: The Journal of Corporate Transformation,2003(1):1-22.

[18] Kaplan S E,Schultz J J. The Role of Internal Audit in Sensitive Communications[J]. The IIA Research Foundation,2006.

[19] Krishnan G V,Yu W. Do Small Firms Benefit from Auditor Attestation of Internal Control Effectiveness?[J]. Auditing: A Journal of Practice & Theory,2012,34(1):304-354.

[20] Lee H,Park J. Top Team Diversity, Internationalization and the Mediating Effect of International Alliances[J]. British Journal of Management,2006,17(3):195-213.

[21] Martin C L,Lavine M K. Outsourcing the Internal Audit Function[J]. The CPA Journal,2000(2):58-59.

[22] Matusik S F,Hill C W. The Utilization of Contingent Work, Knowledge Creation, and Competitive Advantage[J]. Academy of Management Review,1998,23(4):680-697.

[23] Prawitt D F,Smith J L,Wood D A. Internal Audit Quality and Earnings Management[J]. The Accounting Review,2009,84(4):1255-1280.

[24] Prawitt D F,Sharp N Y,Wood D A. Internal Audit Outsourcing and the Risk of Misleading or Fraudulent Financial Reporting: Did Sarbanes-Oxley Get It Wrong[J]. Contemporary Accounting Research,2012,29(4):1109-1136.

[25] Rittenberg L,Mark C. Outsourcing the Internal Audit Function: The British Government Experience with Market Testing[J]. International Journal of Auditing,2003,3(3):225-235.

[26] Singh H,Woodliff D,Sultana N. Additional Evidence on the Relationship between an Internal Audit Function and External Audit Fees in Australia[J]. International Journal of Auditing,2014,

18(1):121-129.

[27] Swanger S L, Chewning E G. The Effect of Internal Audit Outsourcing on Financial Analysts' Perceptions of External Auditor Independence[J]. Auditing:A Journal of Practice & Theory,2001,20(2):115-129.

图书在版编目(CIP)数据

企业内部审计外包实践调查与发展探析 /（加）杰弗里•皮特曼(Jeffrey Pittman)等编著. — 南京：东南大学出版社，2020.5

ISBN 978-7-5641-8908-2

Ⅰ.①企… Ⅱ.①杰… Ⅲ.①企业-内部审计-对外承包-研究-中国 Ⅳ.①F239.45

中国版本图书馆 CIP 数据核字(2020)第 086411 号

企业内部审计外包实践调查与发展探析

Qiye Neibu Shenji Waibao Shijian Diaocha Yu Fazhan Tanxi

编 著 者	杰弗里•皮特曼(Jeffrey Pittman) 李万福 吴东辉 杜 静 翟静怡
出版发行	东南大学出版社
出 版 人	江建中
社　　址	南京市四牌楼 2 号
邮　　编	210096
经　　销	全国各地新华书店
印　　刷	江苏凤凰数码印务有限公司
开　　本	700mm×1000mm 1/16
印　　张	9.25
字　　数	156 千字
版　　次	2020 年 5 月第 1 版
印　　次	2020 年 5 月第 1 次印刷
书　　号	ISBN 978-7-5641-8908-2
定　　价	45.00 元

本社图书若有印装质量问题，请直接与营销部联系，电话：025-83791830